ユダヤ人の成功哲学「タルムード」金言集

Ishizumi Kanji
石角完爾

集英社

ユダヤ人の成功哲学「タルムード」金言集　目次

第二章　タルムードの知恵をビジネスに活かす

『From Dust to Dust
人はDust(塵)から生まれてきた。
生まれてきてから得たものに執着するな。
いずれは人はDust(塵)に戻っていくのだから』

はじめに――タルムードに満載されているサバイバルの知恵

「ユダヤ人は世界で起こる不幸を一番先に予知し、一番最後に幸福を知る人々である」

ユダヤ人は、よくこのように言われる。これは、ユダヤ人がいかに物事を客観的に見て状況判断をしているか、その独特な物の見方をよく表した言葉だ。例えば、日本人は、〝物事は「多面的」に考えなくてはならない〟などと言っているが、日本人の言う「多面的」とは同じものを違う角度から見るということにすぎない。つまり、見る自分が色々な角度に動くだけだ。主客が常に同じだ。自分のいる次元は変わらない。

一方、ユダヤ人の言う二方向というのは、自分が見る対象が逆に自分を見るとしたらどう見えるか、という二方向だ。主客転倒する。別次元だ。

例えば、「リンゴが木から落ちる」のを見て秋の寂しさを感じ、「古リンゴポトリと落ちる秋の空」などと俳句を考えるとしたら、それは日本人的発想、「なぜリンゴは落ちるのか」と考えたとしたら、それはイギリス人的発想で（ニュートンはイギリス人）、「なぜリンゴは天空に吸い上げられずに地球の方に動くのだ？」と考えたとしたら、それは非常にユダヤ的発想だ。日本人もイギリス人も地上に自分を置いている。ユダヤ人は天空と地球を手のひらに置いて別次元から見るのだ。

太陽が東から出て西に沈んでいくのを見て、太陽が天空を動いているのはなぜかと考えたとしたら、それは、コペルニクス的発想で、太陽と地球両方を自分の手のひらに取ったらどう見えるのか、と考えるのがユダヤ的発想だ。

日本の小学校で、生徒が「先生、なぜ一週間は七日なんですか？」と質問し、しつこく食い下がったら、多分日本の先生は、その子を授業の進行の邪魔と考え相手にはしないだろう。しかし、日本以外では、そんな子を大切にする環境の国が多い。例えば、望遠鏡を渡すと逆から覗《のぞ》き込んで面白がるような子がユダヤ人なのである。

つまり、ユダヤ人というのは常に人とは別の角度、別の立場から物事を見ているということである。この表現をビジネスに当てはめてみると非常にわかりやすい。ユダヤ人は、常に世の中の流れとは逆の発想でビジネスに取り組む。

数十年おきに世界を襲う大不況や経済危機の予兆をいち早く感じ取り、ビジネスに被害が及ばないうちにさっさと撤退するか、路線を変える。世の中が好況に踊っているときには、皆と一緒に浮かれることなく、手を広げすぎるリスクを避け、慎重に行動する。これがユダヤ式のリスク管理であり、また「お金儲け」の鉄則でもある。

この考え方はビジネスに限ったことではない。物事には何にでもリスクがあるとユダヤ人は考える。その意味で言えば、ユダヤ人には「想定外」という言葉はない。どんな災難や危機も「人生には起こり得ること」と受け止めて、それに備える。だから、いざというとき慌てない。パニックを起こさない。ユダヤ人にとって、こうした考え方は「呼吸するように身についた習慣」なのである。

ではユダヤ人はどのようにしてその習慣を身につけてきたのか。その背景には、「聖書に書かれているような想定外の事態」をビブリカル（聖書的）と言うほど、想定外の出来事に満ち満ちたヘブライ聖書を常に読んでいることの他に、数千年に及ぶユダヤ人迫害の歴史がある。国土を持たないユダヤ人はさまざまな国で、人々の偏見にさらされ、いわれなき罪に問われて迫害を受けてきた。二〇世紀には、ヒトラーとナチス・ドイツによって引き起こされたホロコーストで六〇〇万人ものユダヤ人が虐殺された。

そうした悲劇の歴史の中でユダヤ人が、困難を切り抜け、生き延びて来られたのは、ヘブライ聖書とタルムードという知恵の安全律があったからだ。どんな困難に巡り合っても、ユダヤ人は常にヘブライ聖書とタルムードの律法に身の処し方、決断のアドバイスを求めてきた。いつもその判断が正しく、安全であるからだ。

生きるために、日々の幸福を得るために、ユダヤの人々は常にヘブライ聖書とタルムードを勉強している。この二つはユダヤ人の人生の羅針盤とも言える。日本ではハウツー本がたくさん出版されているが、ヘブライ聖書とタルムードは昨日今日書かれた本ではない。特に聖書は数千年も前に書かれたのに今でも世界のベストセラー第一位であり続けている。イスラエルのクイズ番組で、一等賞にタルムード全二〇数巻が当たると最も喜ばれる。

ヘブライ聖書は約三〇〇〇年前（ユダヤ民族は約五〇〇〇年前に誕生したといわれる）、タルムードは約一五〇〇年前に、今の形ができたと言われている。ヘブライ聖書は、モーゼ五書、別名「トーラー」と呼ばれる「創世記」「出エジプト記」「レビ記」「民数記」「申命記」の書物が基本になっている。そして、口伝律法《くでんりっぽう》とヘブライ学者の議論を書き留めた議論集が、「タルムード」である。

タルムードとは、古代ヘブライ語で「研究」「学習」を意味する言葉。盛り込まれている内容は、日常生活の慣習や医学、衛生、子育て、紛争解決、家庭から恋愛、セックスにいたるまで、あらゆる事柄についてのいろいろな規範とそれに関する詳細な議論のすべてを記してある。四〇〇ページからなる書物が三〇冊以上ある膨大な量で、今のイラクのバグダッドの地がバビロニアと言われていた時代に中心的に書かれたので、バビロニア・タルムードと呼ばれる。ユダヤ人はこれを毎日少しずつ読んで勉強するのである。議論集としては世界最古で、かつ、世界最大と言える。ユダヤ人は世界で最も議論好きな民族と言われる所以《ゆえん》である。

そして、このタルムードの議論を幼い子から大人まで理解し納得できるように、ユダヤには膨大な説話が残されている。昔からユダヤ人は「文字の民」と言われ、記録を大切にする民族だったが、こうした説話も各地で書き継がれ、語り継がれて、人生をより良く生きる知恵として残してきた。

ユダヤの母親は子どもが幼いうちから、ヘブライ聖書やタルムードの教えにまつわる説話を繰り返し読み聞かせ、語って聞かせる。そして説話に登場した人間や動物たちの取った行動を、「あなたならどうする?」と問いかける。子どもが答えると「それはどうして?」とまた質問する。

こうした説話で繰り返し語られるのは、人生で起こりうるさまざまなトラブルである。そこで、子どもは母親から「あなたがこんな目に遭ったらどうする?」と、問いかけられるのである。どうすればその困難を無事切り抜けられるのか、子どもは必死に考えて答えを見つけようとする。そして「僕ならこうする」「私ならこんな方法を取る」と、工夫やアイデアを子どもの方から導き出させるのである。

こうしてユダヤの子どもたちは、母親から語られる説話や小話の中で、自然な形で「リスク・コントロール」や「リスク分散」ということを覚えていく。ユダヤ人でビジネスの成功者が多いのは、幼い頃からビジネスの基盤となる「リスク」という概念を、さまざまな視点から捉《とら》える訓練を積んでいるからだと思う。

例えばユダヤ人は食事の時によく議論をする。

「神は全知全能である。よってご自身が動かすことができないほどの岩を作ることができる。だから神は全知全能じゃない」この三段論法がなぜ変なのかということを真剣になって議論するのだ。

私は国際弁護士が本業であるが、故あって改宗し、日本人からユダヤ人になったという変わった経歴の持ち主である。以前からユダヤ教には興味があったが、五〇歳を過ぎてさらにその魅力に惹《ひ》かれてユダヤ教への改宗を志した。

しかし、改宗はそう簡単にはできない。宗教指導者であるラバイの下で、四年間厳しい勉強をし、ユダヤ教徒になるために必要ないろいろな儀式の他、自身を火葬しない誓約書の提出に加え、妻も改宗のうえユダヤ式の結婚式を挙げた。割礼《かつれい》手術もした。本来割礼手術は、生後八日目にするものだが、私は大人になってから何十年も経て、ラバイの立会いのもとで病院の手術室で行なったのである。二週間痛みと出血があったが、こらえて仕事は続けた。苦痛より、これで晴れてユダヤ人になれるという喜びのほうが大きかった。

なぜ私がそこまでユダヤ教に惹かれたのか。それは本書の中で明らかになっていくと思う。ただ自信を持って言えるのは、ユダヤの教えが私の内面を豊かにしただけでなく、消耗していた体を健康に導き、仕事やビジネスにも活力を与えてくれたことだ。

ヘブライ聖書やタルムードにまつわるさまざまな説話は、人生に起こり得るあらゆる問題を知り、柔軟に対処する術《すべ》を身につけるための尽きせぬ知恵の宝庫である。ユダヤ人は幼い頃からこの知恵の宝庫に学び、考え、自由奔放《ほんぽう》に思考を巡らせ、困難を切り抜けてきた。災害や経済危機など、今、世界に起きているさまざまな不穏な出来事を、世界のどの民族より早くユダヤ人たちは敏感に察知し、あるいは「想定」し、それに備えてきた。

重要なのは、この知恵が決してユダヤ人だけに通用するものではなく、人類全体が生き残るための最善の方法を示唆《しさ》しているということだ。つまり、ユダヤの教えは、私たち人間が悩んだり苦労したりするのを見越して、普通ではない全く別の角度からの視点、視座を与え、それを解決するヒントを与える、現代にも通用するバイブルだと言っていい。説話の内容は、数千年経った今でも色褪《いろあ》せることなく、私たちに真実を語りかけてくる。

マネー、ビジネス、人生に降りかかるさまざまな困難の乗り越え方など、現代の日本人にこそ学んで欲しいことがたくさんある。本書では、その中から優れた説話を選んで紹介していこうと思う。

ぜひ、ユダヤ人が五〇〇〇年もの間語り継いできた説話から、より良い人生を送るヒントを見つけて欲しい。

第一章

お金を引き寄せるユダヤ哲学

「この世には人を傷つけるものが三つある。
悩み、諍《いさか》い、空《から》の財布。
三つのうち空の財布が最も人を傷つける」

――ユダヤの格言

「強欲」とは程遠いユダヤ人

「ユダヤ人は金儲けが上手い」という定説は、世界中どの国でもよく言われていることである。世界の金融を牛耳《ぎゅうじ》っているといわれる、ユダヤ系投資銀行ゴールドマン・サックスのイメージの強烈さもあるだろう。フェイスブックの創業者、弱冠二九歳のマーク・ザッカーバーグがＩＰＯ（新規株式公開）をするのに、優先的議決権を確保するという強欲さが、世界のニュースになったこともあるだろう。しかし、この定説の裏には、「ユダヤ人は金に汚い」「金の亡者だ」という根深いユダヤ人差別があることもまた確かだ。

文豪シェイクスピアまでが、『ヴェニスの商人』で、金貸しシャイロックをこれでもかと悪辣《あくらつ》非道に描いて見せた。この戯曲が書かれた十六世紀、あの当時はイギリスからユダヤ人は追放されていた。それにもかかわらずシェイクスピアは、ユダヤ人をいかにも知り尽くしているように、ずるくて醜悪な人物像に描いたのである。借金のかたに心臓の近くの肉を一ポンド切り取るという取引をさせ、その肉を切り裂くナイフをシャイロックに持たせて、哀れなアントーニオにあわや襲いかかるという場面まで入れ込んだ。これがユダヤ人の悪いイメージを決定的にした。私は、シェイクスピアは反ユダヤ主義を世界にばら撒《ま》いた張本人だと思っている。

シェイクスピアだけでなく、レオナルド・ダ・ヴィンチの描いたモーゼの絵も、ユダヤ人であるモーゼの頭に角が生えているかのように描かれていて、悪魔のように見える。宗教改革の時のルターもユダヤ人が極悪非道だと書いている。

そうして芸術でも政治でも世界に多大な影響を与える立場にいる人間が、間違ったユダヤ人像を言いふらしてきたのである。ユダヤ人がキリストを殺したという話も、長らくカトリックの間で語り続けられてきたことである。

一九八六年、ヨハネ・パウロ二世が歴代教皇として初めてローマのシナゴーグに入り、過去にキリスト教徒が犯した罪をユダヤ人に謝罪した。ユダヤ人を迫害し続けたことを謝罪し、ユダヤ人のキリスト殺しについても誤りであったと正式に認めたのである。このことは歴史的にも大変意義あることだったと思う。また、ヨハネ・パウロ二世は二〇〇〇年にはイスラエルを訪れ、反ユダヤ主義を神に対する罪と明言した。二〇〇〇年もの長きにわたって根深く人々の中に培《つちか》われた差別的な感情が、これらを機に少しでも改善されていけばと願うばかりだ。

ユダヤ人への偏見の中で、一番多いのが、高利貸しに代表される強欲な金持ちというイメージだろう。確かに、歴史的にも、現在も、ユダヤ人の経済的成功者が数多く存在するのは事実だ。

だが、私に言わせればこの前提自体が間違っている。ユダヤ人は全世界に約一三〇〇万人いるが、平均的日本人より貧しい暮らしをしているユダヤ人はたくさんいる。そして、多くのユダヤ人は、宗教的な戒律を重んじ、強欲とはほど遠い慎ましやかで質素ともいえる生活をしているのである。

ではなぜ、そんな慎ましく質素なユダヤ人から、ビジネスでの成功者が多く輩出するのだろうか。「なんだかんだ言っても、結局、利に聡《さと》いからだろう」という偏見を持つ人々の声が聞こえてきそうだが、それは違う。彼らが成功を引き寄せる秘密は、ユダヤ人的な発想、生き方、そして何よりも何世代にも亘《わた》ってコツコツと「頭の富」つまり「知恵」を蓄えて来た世代間継承にこそあるのだ。

心の平穏はお金次第

日本では「金は天下の回り持ち」と言う。今は貧乏でもやがてお金は巡り巡って自分のところに回ってくるという意味で、お金に対する楽観的な希望を表している。しかしユダヤでは知恵のない者に金は巡って来ないと考える。

その一方で、日本にはお金を軽蔑することわざも多い。「金と痰壺《たんつぼ》はたまるほど汚い」とか、「地獄の沙汰《さた》も金次第」など、汚いことのたとえに金を引き合いに出す。日本人の好きな時代劇で、悪代官が金持ち商人に小判の袖の下を渡されて「おぬしも悪《ワル》よのォ」とささやく場面は、まさに悪の象徴だ。まるで金が正義を曲げる代表格のように扱われている。

あるいはお金が人間関係を壊す元凶だという言い方も日本にはよくある。「金の切れ目が縁の切れ目」「金を貸すと友達を失う」「金の貸し借りが不和の元」といった具合に。

ユダヤでは日本人のように、金に対する執着を他人事のように考えたり、すぐにあきらめたりはしない。まして「汚い」などと軽蔑したりはしない。日本人より現実的にお金を見る。

ユダヤ人は「お金を至上のもの」とは考えないが、見下したり軽蔑するようなことは決してなく、「**心の平穏は財布次第だ**」「**心を病むと体が悪くなる。しかし、金がないと両方悪くなる**」とも言う。心身ともに健全でいるためにはある程度のお金がいる、と言うのである。

「**金がありすぎると人間は獣のように警戒心が強くなるが、金が全くないとなりふり構わ**

ない本当の獣になる」「**金という石鹸で洗えば何でも綺麗になる**」という言い方もあるほど、ユダヤ人はお金を冷静に見る。そしてお金は人生における扉を開ける「**大切な鍵**」という認識を持っている。

だからこそ、その大切な鍵をどう有意義に使いこなせば幸せになれるのか、五〇〇〇年の民族の歴史の中で知恵を磨いてきたのである。その知恵が何世代にも亘って受け継がれ身に染みついている。これがユダヤの現実主義である。

「夏の暑いときにこそ冬のストーブの燃料代を蓄えよ」
「明日やる仕事を今日やり、今日買うものを明日にすれば金は貯まる」
「金を数えるには三つの方法がある。倹約、節約、勤勉だ」

などなど、ユダヤの格言の中には、お金にまつわるたくさんの知恵が語られている。ユダヤ人は、これを何千年も親から子へ、子から孫へと語り継いでいるのである。この「語り継ぎ」の存在が日本人との違いである。

私は国際弁護士として、今まで四〇年以上毎日毎日、数多くの企業や個人のお金のトラブルの解決に当たってきた。これは自信を持って言えることだが、私の仕事においても、日本人はユダヤ人なら失敗しないことに失敗しており、ユダヤのお金にまつわる数々の知恵がトラブル解決の糸口になってくれたのに、と思うことがたびたびあった。

ユダヤ人の蓄財能力に学ぶ

二〇〇八年のリーマンショック、そしてEU危機、予測される中国のバブル崩壊と、世界はファイナル・クラッシュともいうべきカオスの時代に突入している。

日本も長期の不況と経済力の衰退が影響し、資金繰りに困る企業、ワーキングプアなる人々も増えている。二〇一一年三月の東北大震災も影響し、日本の借金は独立行政法人の借金、特殊法人の借金、地方自治体の借金を入れると一〇〇〇兆円を大きく超えている。もう国にも頼れない。親や家族に頼ろうにも、もはや一人一人が生きて行くのに精一杯となれば、この困難な時代を自力で切り拓《ひら》いていくしかないのだ。こうした困難を乗り越える鍛錬を、ユダヤ人は迫害の歴史の中で何千年も続けてきたのである。

ユダヤ人は、疑問を見つけては物事を深く考え、常に頭の中をフル回転させている。日本人の何倍もの時間を使って勉強し、考え、討論し、また勉強に打ち込む。物事の深層に切り込む思考力の深さは日本人の比ではないと思う。だからこそ、時代を読み、世界のお金の流れを正確に把握し、ビジネスで生じる突発的トラブルも事前に避けることができるのである。

「お金を引き寄せる力」は、その結果身についたものであり、決してお金儲けが目的なのではない。平和でより良い人生を目指しているだけなのだ。その結果、金の方が自然にユダヤ人に寄って来るのだ。ユダヤ人はヘブライ聖書の勉強を通じ、世界の誰よりも人間の本質を知り尽くしている。だとすると、人間を知り尽くしている人にお金が寄ってくるのは自然なことなのだ。なぜなら金は人間が作り出したものだからだ。

タルムードの知恵を子どもにわかりやすく伝えるために、ユダヤ人はたくさんの説話を書き残し、語り継いできた。なかでも人生をより幸せに暮らす道具として、お金との賢いつき合い方のヒントが提示された説話は数多い。これに対し日本の民話は、どちらかというと、悪霊が出て来たりして、私は子ども心に怖い思いをしたものだ。

今から紹介するユダヤの説話は、その中のほんの一部だが、どの説話にも、強欲さを排し、自らの今の人生を大切に生きることの重要さが説かれている。すなわち、そのことこそ「自然にお金を引き寄せる」力になるということが自《おの》ずとわかるはずである。

一つ一つの説話に宿る五〇〇〇年来の賢者の声に耳を傾けて欲しい。

魔法のザクロ

あるところに仲良しの三人兄弟が住んでいた。兄弟がそれぞれ成人に達したので、一〇年間各地で修行をすることにした。一人は東に、一人は西に、一人は南に旅立った。兄弟たちは旅立ちの前に誓い合った。また一〇年後にこの家で会おう、そして、それぞれの一〇年間に自分が見つけたもっとも不思議なものを持ってくることにしよう。

一番上の兄は東に行き、ある旅人から世界の隅々まで見える不思議なガラスのコップを買った。このコップから世の中を見渡すと本当に世界の隅々まで見えるのである。長兄は、他の兄弟がどんなものを持ってくるかわからないが、これこそが世界で最も不思議なものに違いないと心の中で確信した。

二番目の兄は西に行った。そしてある町で絨毯《じゅうたん》売りに会った。絨毯売りにその絨毯はいくらかと聞くと、不思議なことに指差した絨毯がモソモソと勝手に動き出した。二番目の兄は大変驚いて、絨毯売りに尋ねた。

「何だ、この絨毯の下にネズミでもいるのではないか」

すると絨毯売りは鼻を膨らませてこう切り返した。

「とんでもない、この絨毯は生き物です。空高く飛んで行くことができるのです。これに乗ればどこでも鳥より速く飛んで行くことができます。今お買いにならないとすぐ売れてしまいますよ」

そこで二番目の兄は、この空飛ぶ絨毯こそ世界で最も不思議なものだと思い、大金をはたいてその絨毯を買った。間違いなくこれで他の兄弟たちよりも抜きん出たに違いないと確信した。

一番下の弟は南に行った。どんどん南に行くと、不思議な森に出くわした。その森の中をずんずん入って行くと、一本の不思議なザクロの木が立っていた。何が不思議かというと、そのザクロの木には花はいっぱい付いているのに、実は一つしか生《な》っていない。しかもその実は真っ赤に熟れているのに、たった一つだけなのだ。不思議に思ってそのザクロの実を取ろうと手を差し出すと、てのひらにポタッと落ちてきた。するとまた不思議なことが起こった。咲いていた花の一つが急に真っ赤な熟れたザクロの実に変わったのである。

「うん、これこそ世界で最も不思議なものだ。この木を持って帰ろう」

そう思ったとたんに、なんとザクロの木はパッと消えてなくなってしまった。はっとして手の中を見ると、ザクロの実は消えずに残っている。一番下の弟は、このザクロの実こそ不思議なものだと確信し、一〇年後に再会を誓った家に戻ってきた。三人の兄弟は、それぞれ持って帰ったものを互いに見せ合った。

世界の隅々まで見渡せるガラスのコップで見ると、なんとある国のお姫様が重病でベッドに寝ている姿が映った。傍《かたわら》で王様が嘆いている。「誰か治してくれる者はいないか、早く治してくれる者はいないか。どんな医者を頼んでもこの娘は回復しない。早くしないと死んでしまいそうだ」と嘆いている。

これを聞いた三兄弟は、急いで行こうと、魔法の絨毯に乗ってお姫様の元に飛んで行った。そして一番下の弟が、これを食べればお姫様の病気がきっと良くなるに違いないと、ザクロの実を半分に割りお姫様に差し出した。一口、二口、お姫様が食べると、顔に精気が戻り、それまで歩くこともできなかったお姫様が力強く立ち上がることができた。

王様は感激し、三人兄弟にこう申し渡した。

「お前たち三人のおかげで姫が重病から回復した。三人の兄弟の誰でも、姫と結婚してよい。三人で話し合って誰が結婚するか決めなさい」

すると、姫が「私に質問させてください」と割って入った。

まず一番上の兄に姫が聞いた。

「あなたは、世界の隅々が見渡せるガラスのコップで私の重病を発見してくださいました。その望遠鏡のようなコップは今でも元のままですか？」
一番上の兄—「はい、全く元のままです」
姫—「二番目のお兄様、あなたは魔法の絨毯に乗って私のところにいち早く駆けつけてくれましたが、その絨毯は今でも空を飛べますか？」
二番目の兄—「はい、全く元のままで何も傷ついていませんし、空を飛べます」
姫—「さて三番目の弟、あなたは私にザクロの実を食べさせて病気を治してくれました。そのザクロの実は以前と違いますか？」
一番下の弟—「はい、お姫様に半分差し上げましたので、今は半分しかありません」
そこで姫は高らかに宣言した。
「私は、この一番下の弟と結婚します。彼は私のために大切なザクロを半分失ったのですから」

「ノーペイン・ノーゲイン」――犠牲なくして成功なし

失ったものの大きさに成功は比例する

エジプトで奴隷となっていたユダヤ人は、モーゼに連れられて脱出する時に、携帯できないすべての財産を捨てていった。着の身着のままでの脱出行だった。財産も住み慣れた場所も、一切合財を捨てたのである。そして砂漠の中を四〇年も彷徨《ほうこう》した。ユダヤ人として最大の犠牲を支払った。この史実からの教訓をやさしく教えるのが、このザクロの説話である。

この話はユダヤの母親が家庭で子どもにする。ただし、途中までしか話をしない。母親は子どもに向かって、「さて、三人の兄弟のうち、お姫様が結婚相手に選んだのは誰でしょうか?」で話を止める。後は子どもの答えを待つ。その答えに対して必ず「なぜ?」と聞く。こうしてユダヤ式教育が始まるのである。母親は簡単に答えを言ったりはしない。「一番下の弟」と子どもが正解を言い当てても、その理由をちゃんと答えられなければ、何度でも「なぜ?」を繰り返す。子どもが頭を悩ませ、考え抜いた挙句《あげく》に「三人の中で一番失ったものが大きいから」と答えを導き出せた時には、にっこり微笑《ほほえ》んで、よくできたとほめ上げる。こうしてユダヤの子どもたちは「ＷＨＹ」から学んでいくのだ。

何かを得るためには必ず失うものがある。これを実践したのが、後述するインテルのアンディ・グローブだ。先に失わなければ何も得られない。何も失わず、楽して成功することなどあり得ない。ユダヤ人の子どもたちが、幼い頃から親に叩き込まれる「ノーペイン・ノーゲイン」は、「**自己犠牲なくして成功は得られない**」という、金銭哲学を超えた人生哲学なのである。

捨てる時期も重要だ。捨てる痛み《ペイン》が先なのである。まず大切なものを捨てよ、と教える。ゲインが見えてきたら捨てよう、ではダメなのだ。得るために捨てるのではない。捨てなければ道が開けないのだ。

捨てることをしないため、結局倒産した企業の例は多い。例えば、コダックはフィルム事業を失いたくないとしたためデジタルカメラの流れに乗れず、結局すべてを失って倒産した。ユダヤの教えは現代のビジネスに通用するのだ。

株式投資への戒め

さて、この「魔法のザクロ」の説話を、現代ビジネスに当てはめてみると、株式投資を戒めているとも言える。リーマンショック、そしてEU危機を発端にした世界同時株安で大損をした人は多いだろう。

株式投資はまさに国の隅々まで見える望遠鏡（情報）、ないしはいち早く飛べる魔法の絨毯（手段）である。言い換えれば情報と手段だけで金儲けをしようとする。自分は何も失うことをせず、人の知らないことを知っているからと、特別の情報に基づいて儲けようとする。自分だけ儲けるために、誰よりも先に情報を知りたがる。かつての村上ファンドなどがそうであった。サブプライム問題も、他人の金でレバレッジをかけ（つまり借入）、証券化、細分化（手段）して世界中に売りまくった。自分は何もしないで大儲けしようとするInvestment Bankの強欲さである。強欲さの表現は省かれているが、この説話で「何も失わないで得ようとする」象徴として描かれているのが、一番上の兄と二番目の兄である。

一番下の弟は自分の宝物の半分をお姫様のために失った。ザクロの半分を分け与える行為は、まず最初に自分が何かを失うことを前提としている。この意味において、株式投資とはまったく逆の概念をこのストーリーは教えている。株式投資は元手（借入金額）を失わないで儲けようとする行為だからだ。

一〇年間ほど無給の料理人見習いとして皿洗いをしながら修行し、料理の技法を身につけるとか、自分の有り金、手金《てがね》をはたいて事業を始めるとか、自分の家屋敷を担保に入れ銀行から借り入れて事業を始めるといったことが、このザクロのたとえに近い。

日本には「すぐ儲かる」投資話や、「手軽に稼げるサイドビジネス」といった話があふれ、それに騙《だま》されて財産を失う人がいるが、ザクロの説話はそうした安易な金儲けへの警鐘なのだ。その手の話には必ず落とし穴が隠されているものだ。〝自分の身を削ってこそ〟そうした落とし穴を見抜くことができるという教えでもあろう。

最近では手金を全く使わずにすべて他人の金、例えばベンチャー・キャピタルなどからの出資で事業を始める起業家も多いが、それではザクロの実を半分失った一番下の弟にはなれない。たとえ一時的に成功したとしても、自己犠牲の伴わない利益は「まぐれ」であり、永続するものではない。

大切なものを失わなければ何も得られない。これがユダヤ人が肝に銘じている、金に関する大原則なのである。

七匹の太った牛と七匹の痩《や》せた牛

ある時、エジプトのファラオが夢を見た。ナイルのほとりから七匹の丸々と太って体格のよい屈強な牛が現れた。その牛たちはナイルに生えている葦《あし》を食《は》んでいた。ところがである。ファラオが立ち去ろうとすると、その七匹の健康極まりない太った牛の後ろから、同じく七匹のガリガリに痩せこけてあばら骨が見える、いかにも不健康そうな牛が現れて、なんとその太った屈強な牛たちを食べてしまったのである。

ファラオは、この夢がどういうお告げなのかと国中の預言者《よげんしゃ》や臣下を集めて聞いたが、誰もわからない。たまたまその時牢屋に閉じ込められていた一人のヘブライ人が、夢をよく当てるというので、ファラオの前に召し出された。このヘブライ人こそ後にエジプト最高執政官になるジョゼフである。ジョゼフは、時代の流れを正確に読み解いた人類史上最初の経済学者とも言われている。

ジョゼフはファラオに向かって、夢の解釈をこのように告げた。

「エジプトにこれから七年間大豊作が訪れます。その間は豊作に次ぐ豊作で、驚くほど大量の穀物がとれ、大豊作となるでしょう。しかしその後の七年間は大飢饉《だいききん》が訪れます。何の作物も育たず一粒の小麦も取れないほどの大飢饉です。人々が大豊作のことを思い出したくても思い出せないほどの、恐ろしい大飢饉が七年間も続きます」

ファラオはジョゼフを最高責任者に任命して七年間の大飢饉に備える対策を講じさせた。ファラオが「どんな対策を考えているのか」と聞くと、ジョゼフは「豊作の七年間の間に毎年の収穫を食べ尽くしてしまわずに、可能なかぎり貯蔵しなさい」と進言した。ファラオはその通りにし、穀物を可能な限り倹約して貯蔵した。

豊作の七年間が過ぎ、八年目に予言通りの大凶作が訪れた。その大飢饉はエジプト全土を覆い尽くすのみならず、全世界にまで及び、七年もの間人々を苦しめた。そして多くの周辺諸国は大飢饉によりその富のすべてを失ったが、ジョゼフの進言を取り入れたファラオのエジプトだけは、蓄えていた穀物で長き受難を乗り越えられたのである。

豊かさの次には必ず大貧困が襲って来る
——しかし貧困の次に豊かさが来るとは限らない

良いことの次には必ず非常に悪い事が起こる。抜け出せるのは準備した人だけ

ヘブライ聖書ほど現代のビジネスマンにとって役立つ読み物はない。内容の薄い経済新聞やハウツー本を読むよりもよほど役に立つ。私はヘブライ聖書こそ、人類の叡智がぎっしり詰まった最高のビジネス書だと思っている。しかもいつ読んでもそこには新しいヒントがあり、飽きるということがない。永遠の新刊書だ。

そのヘブライ聖書創世記に、この「七匹の太った牛と七匹の痩せた牛」の予言の物語が見事に読み込まれている。数年前、この説話を引いて、ヨーロッパのある銀行の頭取が、サブプライム・ローンに端を発し世界を襲った金融危機への対応策を経営報告書に記していた。彼の銀行は、リーマンショック以降も、増益増収を続けており、バランスシート上の資産すら増やしている。

彼は、ジョゼフがファラオに進言したように、いつか来る危機の時に会社が困らないよう、バブルで景気がいい時も万全の準備で経営に臨んでいたのである。当然危ない投資話は極力避けたはずだ。だからバブル崩壊後も銀行の経営を蝕《むしば》む不良債権を抱え込まずに済んだ。この説話にある**豊作の時こそ、心して蓄えよ**という教えを、彼が体得していたからこそ、金融危機という「大飢饉」を乗り越えられたのである。

ユダヤでは「七」という数字を一区切りと考える。説話の中に登場する牛の数も「七」である。ヘブライ聖書によれば、神は天地創造を六日間で成し遂げ、七日目に休養した。六日働いて一日休むサイクルを実施したのは人類史上ユダヤ人が初めてだ。ユダヤの農業も六年間続けて収穫したら、七年目は休耕年にする。連作を続けていくと土地が痩せてしまうからだ。

ユダヤ人は経済の変動もだいたい七年周期で考える。説話の大豊作と大飢饉が七年単位で起こったように、好況と不況も七年周期で変化すると見る。

その周期で考えれば、二〇〇八年のリーマンショックに始まった世界恐慌は、当分続くと思われる。今回のEU危機でも、ヨーロッパの多くの銀行が不良債権を抱え込み大変な受難を強いられている。しかし不況の後には景気は回復するからじっと我慢していれば良いのかというとそうではないのだ。明けない夜はないというがそれは嘘だ。

ユダヤ人は辛いことを人より早く察知する方法をいろいろと教えられているし、辛いことが起こった時にそれから抜け出すためにはどうすれば良いかということを必死で考えなさいと教えられている。

陽のある間に夜の準備をした者だけが次の曙《あけぼの》を迎えるのだ。準備しなかった者は昇る太陽を見ることはない。日の目を見ないというやつだ。日本人は「苦あれば楽あり」と言って我慢すればいつかは必ず幸せになれると教えるが、ユダヤ人から見れば非常に間違った教えである。ユダヤ人は、「楽あれば苦あり」と考える。今の苦を我慢するべきではなく、楽に変えていくには人間が努力しなくてはならないのだ。**陽のあるうちに闇夜の打開策を準備しなかった人は永久に闇の中に葬り去られる**と教えるのがユダヤ式だ。

七年で借金はチャラになる

ユダヤ人のお金の貸し借りについても、この七年という数字が区切りとなる。ヘブライ聖書には、「**七年を超えて、貸した金を請求してはいけない**」と書いてある。つまり、借金は七年経ったらチャラにせよと言っているのだ。

では、ある人に七年前に貸したお金があり、二年前にも追加して貸した場合、その追加分はどうなるのだろうか。この問題についてもヘブライ聖書は答えを出している。「二年前に貸した金も一緒に消える」というものだ。

そうなるとどういうことが起こるか。貸主は、七年目が近づいてくると、同一借主が必要があって貸してくれと頼んできても、金を貸さなくなってしまう。ヘブライ聖書ではそんな事態まで見越して、たとえ七年目が近づいていても貧しい者には**新たな借金を貸し渋ってはいけない**と教えているのだ。

それではユダヤ社会では、金持ちは貧しい者から「たかられ損」じゃないかと思うだろうが、実際その通りであり、ヘブライ聖書は、それが当然であり、金持ちの義務だといっているのである。貧乏な人はいつの世も絶えないのであるから、金持ちは常にそうした人々に貸し与えなければならない。神である私がそう命令すると。その代わり、神がそうした金持ちを祝福するという。

今の日本は、こうしたヘブライ聖書の教えから見ると一〇〇%違反している。お金はあるところに集中し、貧しい者に貸し与えられることはない。銀行は庶民から預金で金を集めて大企業に貸すが、その庶民には「不動産など担保がない」と貸さない。ユダヤでは、金持ちは、そのように家屋敷がない人にこそ貸し付けようとしているのである。

ちなみに、七年で追い貸し分も含めてすべて時効消滅というユダヤモデルは、日本の消費者ローンのやり口と正反対である。日本の消費者ローンは、時効消滅を避けるため、常に追い貸し（追加融資）をして、古い借入分も含めて新規融資にしてしまうので、いったん借りると、完済するか死なない限り逃れられない。そこで借金苦の自殺が絶えなくなる。同じ国民が、同胞の犠牲で金利収入を得て富を自分に集中させる。

ユダヤ教ではこうしたことは神が絶対に許さない。七年ですべて借金をチャラにするとしているユダヤ戒律は、そうしないと日本のような自殺者が出るとわかっているからだ。そして**「多くの同胞の犠牲の上に、ある特定の同胞に富が集中することは避ける」**というユダヤの戒律思想が実現されないと考えるからである。

日本では、金持ちにしかお金を貸さない。私の三番目の子がハーバードのビジネススクールに合格したので、学費を借りようと日本の金融機関を足を棒にして回ったことがある。しかし、家屋敷もなく、大企業の社員証もなく、自分で起業して悪戦苦闘している若者に金を貸すところは一軒もなかった。ひどいものだ。

これではベンチャーなど育つわけがない。「貧しい者には手を差しのべよ」というヘブライ聖書の神の声は、日本にはまったく届いてないようだ。その子は、あるアメリカの篤《とく》志《し》家《か》の奨学金でハーバード・ビジネス・スクールを卒業した。その篤志家は日本ではハゲタカ野郎と言われている。彼は**「徳行は隠れて行え」**というユダヤ哲学を実践しているだけだ。

一方、その日本では「私〇〇はいくら震災被災者に寄付する」と徳行をマスコミやブログに発表する。そして、人々は「○○さんは大した人だ」とほめる。そもそものような発表を聞く被災者の手元にその発表された金額が届いているのだろうか。ユダヤなら発表などしないで現地に行って自分で配るべきだと考える。それがユダヤのツェダカ（信仰にもとづく寄付・喜捨。後述）の教えである。

お金を恵むなら全員に

「人にお金を恵む時は、全員に配ったほうが良い。もらった人が恵んでもらったという惨《みじ》めな気持ちにならないで済むからだ。

しかし、どうしても一人の人にお金を恵む時は、むしろその人にお金を貸す形を取ったほうが良い。貸し借りは対等だから、借りたほうが惨めにならないで済む。その代わり取り立てしてはならない。返せる時に返してもらうようにせよ」

借りた者を惨めに扱うなかれ——尊厳を傷つけない貸し方をせよ

相手の尊厳を重んじる態度

これはお金の恵み方を具体的に教えるユダヤの格言である。

困っている人にお金を恵んであげれば、恵んだほうは「良いことをした」と気分がいいものだ。施しができたという優越感もあるかもしれない。しかし、恵んでもらったほうは、有り難いと思うと同時に自分の境遇を惨めに感じることも多いはずだ。とくに大勢の前で施しを受けた場合は、自尊心が痛むだろう。

ユダヤ教では、決して**人をそんな惨めな気持ちにさせてはいけない**と教える。施しは隠れて行えという。だから特定の一人にだけお金を恵むのではなく、そこにいる全員にお金を配れというのである。しかも、たとえ相手が一人であったにしても、「恵む」という形を取らず、「貸し付け」の形を取れと教える。ユダヤの神は、お金の扱い方に関しても、徹底して弱者の側に立つ。

お金の貸し借りについて、ヘブライ聖書には、細かいルールまで記載されている。

1　借主の家に担保を取りに行ってはならない。家の外で借主が担保を持って出てくるのを待っていなければならない。

2　借主の家に立ち入ってはならない。

3　借主の着物、寝具、身の回りの品は、夕方には借主に返却しなければならない。

4　夫を亡くした女性の衣類は担保に取ってはならない。

あくまで貧しい者の側に立った戒律である。今の日本の金融法でこの戒律を解説すると、ゼロ金利貸付、担保強要の禁止、家財道具担保の禁止、しかも前述のように七年で追い貸し分も含めてすべて時効消滅。となるから、日本ではユダヤの戒律を厳守すると、金融業は成り立たなくなる。

金持ちにしか金を貸さないくせに、ワーキングプアの若者には、「貧しいのは自己責任」と切って捨てる。金を貸す者が強者で、借りる者が弱者。借りる資格のない者はさらなる弱者というわけだ。

こうしたシステムや考え方が、日本の若者たちから希望を奪い、生きる気力を失わせている。日本は不景気だ、経済に活力がないというが、若者たちからイノベーションを起こす意欲を奪っているのは、金持ち優遇の日本の制度そのものだ。日本の金融制度は明治の昔から、庶民にお金を回す庶民金融ではなく、産業金融といって、庶民から集めた金を大企業に注ぎ込むという大企業繁栄・庶民枯渇の制度なのだ。だから全員が寄らば大樹の陰と大企業のサラリーマンになるために子どもたちを受験競争に巻き込ませるのだ。

土地は神が与えたもうもの

エルサレムに信仰厚く、慈悲深い農夫が住んでいた。彼は大きな農園を営んでいたが、毎日祈りを欠かさず、毎年訪れるラバイたちにも、礼拝所を維持するための献金や、学校を作るための寄付など、惜しげもなく慈善を施していた。ラバイたちだけでなく、貧しい人や、病気の人、年老いて動けなくなった人たちにも、彼はできる限りの恵みを施した。

ある年に、大きな嵐がエルサレムを襲い、農夫の果樹園は風でなぎ倒され、全滅してしまった。さらに悪いことに、伝染病が流行《はや》り、飼っていた家畜が全部死んでしまった。

今まで裕福な農夫に投資していた債権者たちは、これを見て危機感を募らせた。彼らは農夫の家や家財道具、土地まであらゆる財産を差し押さえてしまった。農夫には、もはや小さな土地しか残っていなかった。

しかし、農夫は少しも動揺することなく、「神が与えてくださり、また神が奪いたもうたのだから、仕方のないことです」と、恨み言一つ言わなかった。そして、また昔のように小さな土地から開墾《かいこん》を始めればいいと、朝早くから働き始めた。

その年もいつものようにラバイたちがやって来た。彼らは、農夫の没落振りにひどく驚き、「あれほど豊かだったのに」と同情した。

「私は今までたくさんの献金をすることができたけれど、今年はお金がなくて何も差し上げられない。どうしたらいいだろうか」と、農夫はせっかく来てくれたラバイたちを、手ぶらで帰すのは申し訳ないと思った。

そこで最後に残った小さな土地の半分を売ってお金を作り、それを献金した。思いがけないお金にラバイたちは驚き、農夫の信仰の深さにたいそう感激をして去っていった。

ラバイたちが去った後、半分になった小さな土地を牛を使って耕していると、突然その牛が泥の中に倒れ込んだ。牛はずんずん泥の中に沈んでいく。農夫はあわてて泥に埋まった牛を掘り出そうとした。すると、何ということだろう。泥に埋まった牛の足元から、今まで見たこともない大量の金貨が出てきたのである。その金貨で、農夫はまた昔のように大きな農園を手に入れることができた。

次の年もまたラバイたちがやって来た。あの農夫が相変わらず貧しい生活をしていると思っていたラバイたちは、彼が大きな農園をまた経営し、立派な家を構えていることを知って驚いた。

農夫はラバイたちに自分に起こった不思議な出来事を話した。ラバイは深く納得して、この敬虔な農夫にこのように言った。

「惜しみなく与えれば、必ずそれは戻ってきます」

土地は誰のもの？
——土地の所有は五〇年でご破算に

土地は神のものという認識

この小話で大切なのは、もちろんラバイの最後の言葉である。惜しみなく慈善を施していれば、たとえ不幸な出来事があっても、必ず幸せは取り戻せるという教えだ。ユダヤでは、「富は独り占めしてはならない、貧しい者に分け与えよ」という教えが一貫している。嵐ですべての財産を失っても、信仰心を忘れず、最後に残った小さな土地を半分売ってでも献金しようとした。こうした農夫の行いを神はちゃんと見ていて、必ず報いてくれると説いているのだ。

ユダヤでは、寺院（シナゴーグとかシュールとかいう）への献金や貧しい者たちに寄付を施すことを「ツェダカ」というが、これについては後に紹介する説話で詳しく述べることにしよう。

ここでは、「土地は誰のものか？」というユダヤの考え方を紹介したい。

人が大きなお金儲けをするためには、土地の利用が不可欠だ。しかしヘブライ聖書では、人が経済活動をするために土地を永続的に所有することを禁じている。「土地は神のものである」という記述も頻繁《ひんぱん》に登場する。ユダヤ人のカール・マルクスは、こうしたヘブライ聖書の記述から、土地の私有制を否定し、共産主義思想を構築するにいたったのかもしれない。この点で言えば、現代世界で最もユダヤ的な国は中国である。

しかし、土地は神のものであるという思想は、「人間のものではない」ということである。したがって、中国のような国有でもなければ、日本のような資本主義でいう土地の私有制とも反する。ヘブライ聖書で土地をどのような概念で扱っているかといえば、使用権（レント）、あるいは借用権（リース）である。所有は認められていない。オーナーは神のみである。

日本では土地の私有制を認めている。これはヘブライ聖書の概念に反する。しかし、考えてみれば一〇〇〇年も二〇〇〇年も一人の人間や組織が私有していたという土地は日本にはないのではないか。大きな意味では、ヘブライ聖書の概念が当てはまっているとも言える。

人間は、ある一定の期間、土地を神から借りているに過ぎない。家を建てても洪水で流されるし、台風で吹き飛ばされたり、火山の噴火で焼かれたりもする。自分の土地そのものが失われるほどの地震や地殻変動が起こるかもしれない。二〇一一年に起きた東日本大震災では、人も家もすべて地震による大津波に呑み込まれ、天災の恐ろしさをまざまざと見せつけられた。地震のほとんどないイギリスなどでも、戦争で土地を失うことが繰り返されてきたから同じことだ。

説話の中の農夫もまた同じ目に遭って、すべてを失った。しかし、彼は言った。「**神が与えてくださり、神が奪い去ったのだから、それは仕方ないことだ**」と。ヘブライ聖書を読み、その内容を理解していたからこそ、彼は平然とそう言えたのだ。

土地は五〇年間だけ神から借りられる

ではヘブライ聖書では、土地の管理をどう規定しているのか。古代ユダヤでは土地は五〇年間神から借りることができるのみである。

英語には「ジュビリー」（jubilee）という言葉がある。何事にも目出たい時に使う言葉だ。この言葉は「祝典の年」「喜び」という意味で、ユダヤ人がエジプトを脱出した後で、神の約束した土地であるカナンに到達したことに由来している。その後我々ユダヤ人は、五〇年ごとに「ジュビリー・イヤー」としてそれを祝ってきた。

五〇年というのは、ユダヤ人にとってすべてが入れ替わる期間を意味する。言い換えれば「ご破算年」であり、一切をチャラにできる年であると認識されている。

ユダヤでは「七」という数字が区切りに使われ、お金の貸し借りでも七年でチャラになると述べたが、この七年を七回繰り返せば四九年になる。その次の年が「五〇年目」で、新しい出来事が生まれると、ユダヤ人は発想するのだ。

古代ユダヤでは、五〇年間でその土地の利用をいったん終えて、神に返すべしと考えた。地主はそこでの耕作を終わりにし、働いていた農民も使用人も家畜もすべて、解散、解放することとした。

五〇年という期間は人の一生に等しいもので、そこで親が蓄えたものは神や社会に返し、子どもは新たな人生を始めるという考え方であった。この制度が今の時代にもあるなら、親の資産を巡る子どもたちの財産争いも起きないであろう。

この教えを厳格に守って、五〇年目に一文無しになる人間はいなかったろうが、意識としては常にユダヤ人の行動に影響を与えている。どんなに裕福な暮らしをしていても、いつか人生ご破算になる時期が来るものだと、ユダヤ人がどこか泰然としているのは、こうした考え方が根っこにあるからだろう。アメリカの財務長官だったロバート・エドワード・ルービンもウォール・ストリート出身だが、生き馬の目を抜く証券界にあって、「すべてを失っても、好きなパリのセーヌ川の川岸で哲学書を読む人生を送れば良い」と泰然としていた。

そして、たとえ蓄えてきたものがご破算になったとしても、信仰を失わず、貧しい人たちへの善行を忘れなければ、必ずまた恵みを受け取る時期がやってくる。

そう考えるから、ユダヤ人は苦難に強いのである。

ナポレオンとニシンの話

ナポレオンがヨーロッパを征服したときに、それぞれ征服した国の協力者に「お前たちに褒美《ほうび》を取らせるから、何が欲しいか言ってみろ」と言った。

フランス人は「ワイン畑とワイン工場が欲しい」、ドイツ人は「麦畑とビール工場が欲しい」、イタリア人は「小麦畑とおいしいパスタ工場が欲しい」と申し出た。

ところがユダヤ人は「ニシンを二匹だけ欲しい」と言った。その願いはすぐに叶えられ、ユダヤ人はニシンをもらって帰った。

他国の人々からは「ナポレオン様がせっかくご褒美をくれると言っているのに、そんなちっぽけなものをもらって、ユダヤ人はバカだな」と言われた。

しかし、ナポレオンはすぐに没落して、願いが叶ったのはユダヤ人だけだった。ユダヤ人を嘲笑した他の国の協力者は何一つもらえなかった。

小さな儲けにとどめよ——それを繰り返せ

権力は移り行くもの

ナポレオンがヨーロッパを征服したのは今から約二〇〇年前の一九世紀初頭だが、ユダヤの説話には時代の覇者の名前もたびたび登場する。ナポレオンの名前を小話に登場させるのは、「権力は移り行くもの」というユダヤ人への説諭もあるのだろう。

ナポレオンの天下がずっと続くと思い、大きな褒美を要求した他の国の協力者は何も得られず、ユダヤ人の小さな望みだけがすぐ叶えられた。この小話は、欲張らずに、すぐ叶えられる小さなことから着実に実践していこうという教訓だ。それを何十年も繰り返せばいつの間にか大きな富が貯まっていくはずだという。

お金儲け自体は、ユダヤ教は否定してはいない。実際、受難の歴史の中で、民族が生き残るためには日々の糧を得るお金が必要だった。お金儲けは、そうした小さい利益の積み重ねであり、一攫千金《いっかくせんきん》を目論《もくろ》んでも結局何も手に入らない。

説話に値段の安い魚のニシンを引き合いに出したのも、**他人にバカにされても着実に手**

に入る日々の糧が一番大切なのだというユダヤ人への諭《さと》しなのである。そこには人が嫌がる仕事を率先して引き受ければ着実な儲けにつながるという考え方も同時にある。ユダヤ人に中世ヨーロッパのキリスト教徒の人々が嫌う職業の「金貸し業」が多かったのも、そうした理由だ。

ユダヤ人の行う金融業は、同胞から金利を取ってはならないという決まりがある。また、借り手の生活権は侵害してはならず、担保も取らない。当然、貸し渋りや貸しはがしもしてはいけないということになる。つまり、ユダヤ人の中で、お金儲けのために金融業を始める人はいない。しかし、こうした厳しい規制があるからこそ、そして、小さな利益を何十年も何百年も繰り返し手にすることで、金融業で成功したユダヤ人が多い。

むしろ制約があることによって、健全に、そして着実に事業を継続することができたのである。ユダヤ教で戒律、制約（Discipline）を重視するのは「継続なければ成功なし」（Continuing is the father of success.）を知っているからだ。

金の冠をかぶった雀

ソロモン王はユダヤの最も有名な王である。賢者の王は、鷲《わし》の背に乗って空を飛び、領国内の隅々まで視察して回ったといわれている。

ある日、ソロモン王が鷲の背に乗ってエルサレムからはるか彼方の領国を目指して飛んでいたとき、たまたま体調が悪くて、鷲から落ちそうになった。

それを見ていた雀《すずめ》たちが何百羽と寄って来て、ソロモン王が鷲の背中から落ちないように支えた。これに感謝したソロモン王は、雀たちに「お前たち雀に何でも欲しいものをあげよう」と言った。

雀たちは巣に戻り、何をもらうか大議論した。しかし、それぞれ勝手なことを言って、なかなか一つにまとまらない。

「いつでも身を隠しておけるブドウ畑」「いつでも水が飲める池」「いつでも食べ物に困らないように野原に落穂をまいてもらう」という意見もあった。

そんな中で、ある雀が「ソロモン王と同じような金の冠をかぶって飛んだら、さぞかし誇らしく格好いいだろう」と言ったところ、雀たち全員が「そうだ、そうだ」と賛成し、意見がまとまった。

雀の代表が、ソロモン王のところに行き、「王様と同じ金の冠を雀全員にください。それが私たちの願いです」と申し出た。それを聞いたソロモン王は、「それはあまり良い考えではないな。もう一度考え直して来てはどうだ」と助言したが、雀たちは「ぜひ王冠をください」と繰り返した。「それほど言うなら仕方がない」とソロモン王は、雀たちのたっての願いを叶えた。

金の冠をかぶったイスラエルの雀たちは、喜々として大空を飛びまわった。今まで猟師たちは雀などには目もくれなかったが、金の冠をかぶっているために、全国で雀が狩られるようになった。

仲間たちはみんな撃ち殺され、イスラエルの雀はとうとう最後の五羽になってしまった。最後の五羽は、ソロモン王のところに命からがら駆けつけ、「私たちが間違っていました。金の冠はもういりません」と言った。

雀から金の冠が取りはずされ、少しずつ雀は平和を取り戻し、何年かのうちにまた元の数に戻ったということだ。

財産を見せびらかすと身を滅ぼす――人目には普通の雀と映るのが安全

安全に、目立たず少しずつ

雀たちが空を飛ぶ時は金冠をはずして飛ぶようにしていれば、猟師たちに撃ち殺されずに済んだであろう。この説話も、ナポレオンの話と同様、ライオンのような強者でない者は、金が儲かったからといっても貧者の如く振舞わないと危ないということを教えている。ユダヤ教では、このようにいくつも話を替えて、弱い者は安全に目立たず少しずつ利益を何世代にも亘って積み重ねていくことが大切だと説いて聞かせる。弱者であり続けたユダヤ人のリスク管理だ。弱者は金持ちのように振舞ってはいけない。弱者が金持ちのように振舞うと強者に狙われる。

敗戦で弱者となった日本にとってチョコレートやワインは憧れの対象だった。その同じ日本人が経済成長に浮かれると、ボジョレー・ヌーボーだ、バレンタイン・チョコだ、ヴィトンだ、ロレックスだと派手に振舞っている。金の冠を欲しがったこの雀たちのように。

しかし、努力して手にした利益であっても金持ちのように派手に振舞うと、つい油断が生じ、強者の目に留まり命まで狙われて身を滅ぼす。日本がバブルに踊っていた八〇年代、これ見よがしにロックフェラーセンターやアメリカの超有名なゴルフ場を買ったりして目立った振舞いをした。バブルがはじけてみると、有り金を失っただけでなく、莫大な借金を背負い込み、倒産企業が続出した。

ユダヤ人は古来から「金の冠をかぶって空を舞う雀」にだけはならないよう深く静かに、しかし、着実なビジネスを選んできた。古本屋、古美術商、古着屋、古宝飾品商など「古」が付く事業はユダヤ人の独壇場《どくだんじょう》だ。目立たないうえにそこそこの利益がある。背景には、キリスト教の国王からゲットーに閉じ込められ、許されたのは古着を売ることだけだったという歴史もある。

「ノーペイン・ノーゲイン」で、どれだけ失ったかという自己犠牲の大きさが、自分の受け入れられる利益を判断する尺度になると解説した。

ユダヤ人たちは常に利益に浮かれることを戒めるために、自分が受け取る利益の「適正さ」を把握する訓練を積んでいるのである。

正直な仕立て屋

ある国で大干ばつが起こった。何日経っても雨は一向に降る気配がない。作物はすべて枯れ、飲む水がないために家畜は次々と死んでいった。

そんな時に、ある村のラバイが夢を見た。夢の中で、神がそのラバイに「この次の安息日に服の仕立て屋の主人に、ビマー（祈り台）で祈りを捧げさせなさい。そうすれば大地に雨を降らせよう」と、話した。

翌朝、ラバイはこの夢のことを思い出したが、すぐにこう考え直した。

「あの仕立て屋の主人は、ヘブライ語もよく読めず、聖書の内容もろくに覚えていない。あんな人間に皆を代表させてビマーで祈らせるなど、どうしてできるだろうか。こんな夢は当てにはならない」

神への祈りはヘブライ語でするものと決まっており、当時、ヘブライ語はきちんと勉強しなければ読めない言葉だった。そこで、村ではヘブライ語を使える人間を集めて祈らせ続けたが、雨はまったく降らなかった。

一週間が過ぎて、またラバイは同じ夢を見た。それも無視すると、また次の週にも同じ夢を見た。

ラバイは三度も同じ夢を見たので、これは神の意思に違いないとして、仕立て屋に祈らせることにした。

仕立て屋は、いつも使っている巻尺を持って祈り台に向かうと、気負うことなく自分の言葉で、次のように祈りだした。

「神様、私は仕立て屋の仕事を始めてもう四〇年にもなりますが、ただの一度も人を騙したり、ずる賢い商売をしたことはありません。

この巻尺をご覧になってもおわかりのとおり、一分の狂いもない正確な巻尺を使っています。他の仕立て屋は、わざと目盛りを狭くした巻尺で生地を多く使ったように見せて、高い値段で服の代金を請求しています。

粉屋もわざと秤《はかり》を狂わせて、粉を見かけよりも少なく売っています。油屋もそんなことをしています。

私はそういうことをしていません。どうぞ、この私の正直で適正な商売を評価していただけるならば、なにとぞ雨を降らせてくださいませ」

すると、天空に雷鳴が轟《とどろ》いたかと思うと、一天にわかにかき曇り、大粒の雨が降り出した。

大地を潤す恵みの雨であった。人々は歓喜の声を上げ、その雨で国中が救われた。

仕立て屋の起こした奇蹟を見たシナゴーグの会衆たちは、自分の店に飛んで帰り、秤や巻尺を正しいものに取り替えたり、修正したりした。

そして、これにならって国中の人が同じことをして、ごまかしたり、不正な商売をする者は誰もいなくなった。

この様子を見た神は大変満足されて、その国に毎年決まった時期に雨が降るようになり、人々が干ばつに悩まされることはなくなった。

偽装商法は幸せを遠ざける——正直な生き方にお金は宿る

お金の大切さと魔力の両面を考える

ユダヤの子どもたちは、こんな物語を聞いて育つ。だから、みんな不正なことをして儲けているんだから自分も同じようにしていいとは、決して思わない。

この説話で教えているのは、商売で大切なことは、お金そのものではなく、「正直な生き方を貫くこと」だということだ。

繰り返すが、ユダヤ教ではお金は大切なものとして扱う。ないよりあったほうがいい、あれば人生を幸福にするものの一つだと考える。「貧しくても、清く美しく生きればいい」などと格好をつけることもしない。ユダヤの人々にとって、貧しいことは単純に「不幸」なことなのである。貧しければ家族も養えないし、子どもたちに教育も与えられない。「清ければいい」などというのは詭弁《きべん》だと思っている。

しかし、ユダヤ教では常に物事の両面を考える。お金の大切さだけでなく、お金の持つ「魔力」についても同時に思考を巡らせている。お金を追求しすぎると、「適正さ」「正直さ」という大切なことを忘れてしまう。

聖書にはお金儲けの方法は書かれていないが、お金に関して「してはならないこと」は、しっかり教えている。ユダヤ人は、適正さ（Fair）と正直な（Honest）方法で、正しい稼ぎ方（Decent Profit）をしなければいけないとしている。そんな教えに子どもの時から接しているユダヤ人が、あのシャイロックのような極悪な商売をするわけがないのである。

日本には「正直者はバカを見る」ということわざがあるが、これは知恵でもなんでもなく、強欲な人間が自らを正当化する言い訳にしか聞こえない。正直者は鈍《どん》くさい、知恵がないといった差別的な視線もそこにある。しかし、本当に損をするのは、強者の慢心で、そうした正直な人たちをバカにする人間のほうなのだ。

ずる賢い商売でいくらお金を貯めても、決して自分も家族も幸せにはならない。それどころかすべてを見通している神の怒りを買って、結局は不幸を呼び寄せることになる。タルムードの教えに次のような格言がある。

「古い果物の上に新しいものを重ねて籠に入れて売ってはならない」

ユダヤの教えはいつでも実践的で、具体的だ。日本で大騒ぎになったが、普通の牛肉をブランド牛と偽って売ったり、賞味期限をずらしたりするのも同じことだ。こんな不正なことをして商品を高く売ろうとしてはいけないという戒めが、子どもにもわかる表現で提示される。

お金は、正直な仕事ぶりで、自分と家族が日々困らずに食べていけるくらい稼げればいい。そう言い切れるのは、お金の持つ魔力の怖さを十分知り尽くしているからこその、ユダヤの教えなのである。

独占禁止法の原点はヘブライ聖書に

たいていの経済先進国には、「独占禁止法」という法律がある。健全で公正な競争状態を維持するため、ある少数の企業が独占してはならないという法律だ。二〇一一年春にアメリカの四大携帯通信業者のＡＴ＆Ｔがもう一つの四大携帯通信業者Ｔ‐モバイルを買収しようとしたが、独禁法に違反するとして待ったをかけられた。これは独禁法の一つの理念、寡占独占の排除だ。そして独禁法のもう一つの理念が、不公平取引の排除だ。例えば二〇一二年一月には、日本の自動車部品メーカーの矢崎総業がアメリカ当局から不公平取引を摘発され、何百億円という罰金を支払ったうえ日本人幹部四人が禁固刑を科せられた。不公正な談合などで価格や供給量を操作されると、消費者には不利だ。選択の自由がなくなるからだ。しかも、それが公益性のある、人気の高い商品であればあるほど、その企業の一人勝ち状態になり、同業者の割り込みを封じてしまう。

こうした富の一極集中を防ぎ、健全な競争を維持するために独占禁止法はあるわけだが、この考え方の原点がヘブライ聖書にある。

「わざわいなるかな、彼らは家に家を建て重ね、田畑に田畑をまし加えて、余地あまさず、自分ひとり、国のうちに住まおうとする」（イザヤ書五章八節）

金にあかせて大きな家を次々に建て、田畑をどんどん買い増して広くし、自分だけが贅沢三昧《ぜいたくざんまい》していると、必ず災いがもたらされる。

「万軍の王はわたしの耳に誓って言われた。必ずや多くの家は荒れ廃《すた》れ、大きな麗《うるわ》しい家も住むものがないようになる」（同章九節）

「万軍の王」とは神のことだが、集まりすぎた富には必ずや災いが起きて、大きな家も田畑も荒れ廃れてしまうと警鐘を鳴らしているのである。

このヘブライ聖書の言葉を根拠にして、古代ユダヤでは土地の所有規制が行われた。富の一極集中が排除されたのである。

「富を求めても良いが、均衡のとれたものとする。私益を追求する自由はあるが、その方法と収入の使途については、適正さを重んじ、ヘブライ聖書の決まりに従うべきだ」

数千年前から、ユダヤ人はこうした発想でお金や富というものに向かい合ってきたのである。

ソロモン王のウィズダム

ソロモン王が世紀の賢人であると聞きつけて、田舎から三人兄弟がソロモン王に弟子入りしたいと申し込みに来た。

三人兄弟――「私たちにぜひウィズダムを授けてください」

ソロモン王――「お前たちにいつウィズダムを与えられるかはわからない。私に仕《つか》えてみる覚悟はあるのか」

三人兄弟――「はい。ウィズダムを授けていただけるまで何年でもお傍《そば》にいる覚悟です」

こうして弟子として仕えることになったのだが、一年経っても二年経っても、ソロモン王は三人兄弟にウィズダムを授ける気配すら見せなかった。三年を経過したころ、三人は忍耐の限度に来た。

三人兄弟――「三年お待ちしましたが、ウィズダムを授けていただけませんでしたので、もうお暇を頂戴し、国に帰りたいと思います」

ソロモン王―「それは長い間ご苦労であった。三年仕えてもらったお礼に、金貨を百枚、一人ずつに渡そう。それをウィズダムの代わりだと思って欲しい。もっとも、どうしてもウィズダムが欲しいというのであれば、金貨百枚は渡せないが」

これを聞いた三人は、金貨百枚の値打ちに目がくらみ、「いえいえ、もうウィズダムはけっこうです。金貨をいただいて国に帰ります」と言って、金貨をもらって帰国の途に着いた。

しかし、途中で一番下の弟だけが考え直した。

「私は三年も待ったので、やはり金貨百枚を返してウィズダムを聞いてきます」

引き返してきた弟が金貨百枚を返すと、ソロモン王は頷《うなず》いて話し始めた。

「わかった。それではお前に次の三つのウィズダムを授けよう。

一つ、旅は陽が昇ってから宿を発《た》ち、陽が落ちるまでには次の宿に入ること。

二つ、川の水が増水しているときは、水が引くのを待ってから渡ること。

三つ、家に戻ったら妻には起こったことを正直に話すこと」

兄二人は、金貨百枚を早く持って帰ろうと帰国を急いだ。陽が沈んでも山道を急ぎ登り続けたが、頂上に差し掛かるころ、天候が急変し、冷たい雨が降り出してきた。風も強く、濡れねずみになった二人は、暗闇で道に迷ったために凍死してしまった。

一方、早めに宿に入っていた弟は無事であった。陽が昇って兄たちと同じ道を歩き出した弟は、二人の死体を発見した。弟は悲しみ、兄たちを手厚く葬った。そして、合計二百枚の金貨を持って帰ることにした。

途中で川に差し掛かったが、前日の雨で増水していたので、ソロモン王のウィズダムに従い、水が引くまで渡らないことにした。ロバに荷物を積んだ何人もの商人が、無理矢理川を渡ろうとして水に流された。

三日間水が引くのを待って川を渡った弟は、向こうの川岸にロバの死体が流れ着いていて、その背に大量の金貨が入った袋がくくりつけられているのを発見し、それも持って帰ることにした。

大量の金貨を持って家にたどり着いた弟は、妻にありのままの出来事を話した。妻はすべてを信用した。

しかし、兄嫁たちは弟の話を全く信用せず、弟が二人の兄を殺して金貨を自分のものに

したと疑った。兄嫁二人は、弟を罪人としてソロモン王に告発したが、ソロモン王は兄嫁たちに、

「私が授けたウィズダムに従った弟の話に嘘はない」

と言い放ち、無罪を言い渡した。

「懸命で賢明な生き方」（ウィズダム）こそお金を引き寄せる

ウィズダムとは何か

ウィズダム＝Wisdomは、日本人には聞きなれない言葉かもしれないが、西洋哲学の求めるものの一つであることは間違いない。ヘッジ・ファンドの帝王とも呼ばれる、ジョージ・ソロスは同時に哲学者であるが、ユダヤ人で哲学を勉強する者は多い。

哲学を「Philosophy」というが、Philoとはlove ofのこと。SophiaとはWisdomのことである。つまり、哲学とはLove of Wisdomを一語で言い換えた言葉なのだ。

Wisdomを日本の英和辞典で引くと、「英知」「知恵」「賢明」「分別」「博識」「知識」などの日本語訳が与えられている。この中で一番間違った訳は「知識、博識」だろう。

私は、ロンドンのSES（School of Economic Science）で哲学の授業を取っていたが、その授業で最初に教授の口から出た質問は、「知識、博識とウィズダムはどう違うか」だった。西洋哲学では、この違いは明白なのである。つまり、「何かを人より良く知っているからと言って、それがどうだというんだ？」という考え方である。

知識は、インターネットでいくらでも豊富に得られる。しかし、ウィズダムは、インターネットでは得られない。ウィズダムとは、もっと判断、決定、行動指針に傾いた言葉なのだ。

ウィズダムは頓知《とんち》ではない。頭の回転を競う知恵比べとも違う。そういったタイプの知恵や知識は大学受験で試されるが、それから先の人生はウィズダムのほうが重要になる。では人類の「英知」という言葉はどうだろう。辞書によれば、「道理を悟りうるすぐれた才知」とある。ならば、「道理」とは何だろうか。よくわからない。「道理」や「悟り」といった別の言葉で置き換えても意味がよくわからないものは、ウィズダムではない。結局、「英知」は、広すぎてウィズダムの日本語訳には不適当である。

残るは、「賢明」と「分別」だ。ユダヤ教から流れ出してくる教えであるウィズダムは、

「分別」より「賢明」に近い。分別は誰のために分別をわきまえるのかよくわからないが、賢明は自分のためであることがハッキリしているからだ。

ユダヤ教徒である私の結論としては、ウィズダムとは自分、あるいは自分の家族のための「賢明な生き方のガイドライン」である。

ユダヤのウィズダムは、ソロモン王が三人兄弟の弟に授けたように、あくまで合目的でプラグマティックなのである。だからいろんな意味に解釈できる抽象的な言葉は用いない。

さらに具体的に言い換えれば、ウィズダムとは、

「自分の判断、選択、行動、決心、言葉、によって、自分自身や家族が、不幸になったり不愉快な思いをしないようにする賢明な生き方」なのである。

二人の兄は、金貨百枚に魅了され、賢明さを選ばなかった。しかし、いったんは手にした大金も「賢明な判断」ができなかった故にすべて失い、命まで落とす羽目になった。金貨を返しに戻った弟は、まさに「賢明」だった。ソロモン王の与えてくれたウィズダムが、結局はお金を引き寄せることになったのである。

ウィズダムか、お金か？　あなたの人生でもその選択を迫られたことはなかっただろうか。お金は人の心を容易に惑わせる。そこで、自分や家族を守るために、きちんとした判断、選択、決心ができるか。ユダヤ人はその答えをユダヤ教の中に懸命に求め、実践しよ

うとしているのである。「ノーペイン・ノーゲイン」。何かを失わなければ得られるものはない。「賢明な生き方は金貨に優る」のである。

ウィズダムがある人はお金で苦労はしないと思われている。しかし、逆は成立しない。お金のある人にウィズダムが宿るとは限らないのだ。では、ウィズダムと金貨のどちらかを選べと言われたら、ユダヤ人なら迷わずウィズダムを取る。いつも円高だとか株が下がったとか右往左往している人は金貨を取る。さて、日本人ならどうだろうか。

ウィズダムを売る老婆

ある村に貧しく若い夫婦が住んでいた。あまりに貧しいので、男は出稼ぎに行くことにした。遠い町で八年間働き続け、節約を重ねて袋にいっぱいの金貨を貯める事ができた。

男は、さあこれで妻の元に帰れると、徒歩で二〇日間もかかる道のりを急いだ。いよいよ最後に泊まる宿を求めてある町に入ったところで、男は金貨一枚を使って、待っている妻に何かお土産《みやげ》を買って帰ろうと思った。しかし、市場には何も気に入ったものがなかった。

　お土産をあきらめて宿に帰ろうとしたとき、市場の片隅で老婆が座って何かを売っていた。男は興味を持って、その老婆に「何を売っているんですか」と聞いてみた。

　すると老婆は、

「ウィズダムを売っているんですよ」

　と、しわくちゃの顔で答えた。

「そのウィズダムを売ってください」と男が言うと、「それでは、その袋に入った金貨全部支払ってくだされや」と老婆は返事をした。

　男はあまりにも値段が高いので驚いたが、ウィズダムは何にも増して価値があるものだと思い、金貨を全部渡した。

「では教えよう。第一に、同じ目的地に行く道が二つあったら、決して近道をしようとしてはいけない。時間がかかっても安全な大きな道を行きなさい。第二に、あなたの頭の中に怒りがこみ上げてきても、それをその場で爆発させてはいけない。一晩お待ちなさい。翌朝の考えがあなたを正しい道に導くでしょう」

　男は老婆の言ったウィズダムの意味を考えながら、宿に戻ろうとした。しかしふと我に返って急に不安になった。「あのウィズダムに袋いっぱいの金貨の価値があるのだろうか」

と、老婆のいたところに駆け戻った。

そこには老婆の姿はなかったが、座っていた場所にユダヤ人が肩にかけるショール、タリートが置いてあり、その下に先ほど支払った金貨が置かれているのを見つけた。男は不思議に思ったが、タリートの下の金貨を取り戻した。

翌朝、馬車に乗り、家路を急いだ。山道に差し掛かると、道が二本に分かれていた。一つは山を迂回《うかい》して行く普通の道、もう一つは山を越えていく険《けわ》しい道だった。険しい道のほうが近道だったが、そのとき肩にかけていたタリートに手が触れ、男は老婆に教えてもらったウィズダムを思い出した。そして、馬車の御者《ぎょしゃ》に時間がかかっても普通の道を行くように指示した。故郷の村に着いて聞いてみると、山道でがけ崩れがあり、ほとんどの馬車が谷底に転落したということだった。

男の到着は深夜だった。家に一瀉千里《いっしゃせんり》に駆けつけようと思ったが、妻はもう寝ているかもしれないと思い、近くの宿で一泊することにした。宿に入ると、なんとそこで妻が宿の給仕をしていた。ところが、妻は夫を見ても素知《そし》らぬ顔。まるで他人に接するような態度で自分に給仕をするので、男は無性に腹が立った。

「八年間も俺が働いて帰ってきたというのに、素知らぬ顔というのは一体どういうことだ。きっと他に男ができたに違いない」

そう決めつけて、男は妻を大声で怒鳴りつけようとした。その時また、肩にかけているタリートに手が触れ、老婆のウィズダムを思い出した。ここで爆発してはいけないと、一晩待ち、家に帰ってドアを開けると、妻が男に飛びついてきた。

「ああ、やっぱりあなただったのね。あなたによく似た人を宿で見かけたんだけれど、立派な服装をしているので他の人かもしれないと思って、声をかけられなかったのよ。ああ、よく帰ってきてくださった。うれしい」

「いや、俺こそ声をかけなくて悪かった。きみが素知らぬ顔をしているものだから、俺のことなど忘れてしまったのかと思ったんだよ」

二人は抱き合って再会を喜んだ。その後、二人は力を合わせて仲良く幸せに暮らしたということだ。

熟慮と慎重というウィズダム

さて、この話もソロモン王の話と同様に、いかにウィズダムが大切かという教訓を説いたものだが、読み取り方はいろいろあると思う。

ここで老婆が男に与えたウィズダムは、「何事にも〝熟慮〟と〝慎重〟が大事」ということだ。つまり、この二つを持っていれば、迷ったり岐路《きろ》に立たされたときの解決策を見つけるきっかけになると教えているのである。

しかし、そのウィズダムを手に入れるのに、男はいったん全財産をはたいた。ウィズダムを得るには、相応のお金という対価を支払わなければいけないということでもある。「魔法のザクロ」の話で、「ノーペイン・ノーゲイン」＝何かを失わなければ得られないというユダヤの教訓を紹介したが、ウィズダムに関しても同じことが言える。お金を出さなければウィズダムは身につかないということだ。お金は犠牲でもある。犠牲を払い、痛みを感じて初めてウィズダムという、賢明に生きるためのガイドラインを獲得できる。

これはビジネスにおいても言えることだ。何も対価を払わず、「一発当ててやる」というやり方は、どこかで判断を誤り、がけ崩れに遭った馬車のように谷底に転落する羽目になる。準備に時間とお金をかけ、十分にリサーチするという犠牲を払ってから物事は始めよという教訓でもある。

悪魔と助産婦

ある村にユダヤ人の助産婦が住んでいた。ある時、お産を助けた帰りが遅くなって凍てつく夜道を歩いていると、子猫の鳴く声を耳にした。鳴き声がするあたりをロウソクで照らすと、捨て猫が一匹、弱って死にそうになっていた。助産婦は、持っていた温かいミルクと毛布を子猫に与えた。

すると、突然人間の声で子猫が話し出した。

「私は悪魔です。他の悪魔があなたをお産の助けに呼ぶかもしれません。でも人間の姿をしているのでわかりません。その時に悪魔は報酬として持ちきれないほどの金貨をあなたに差し出すでしょう。それを受け取ればあなた自身が悪魔になってしまいます。金貨に惑わされず、いつも通りの報酬をもらってください。このウィズダムが私を助けてくれたお礼です」

そう言い終わると、子猫は悪魔の姿になり、闇に消えていった。

それから何カ月も経ったある日の真夜中に、助産婦の家のドアをドンドンと叩く音がした。ベッドから起き上がってドアを開けると、一人の立派な身なりの男があわてた様子で立っていた。

「妻が今にも出産しそうなので、急いで来てくれませんか」

真夜中だったが、助産婦は嫌な顔をせず、すぐに支度《したく》をしてその男の馬車に乗り込んだ。それからかなりの距離を走り、見たこともないお城に着いた。男は城主だった。若い妻の出産にギリギリ間に合い、無事赤ん坊を取り上げることができた。

「良くぞ、こんな夜中に遠いところを来てくださった。私の心ばかりのお礼をぜひ受け取ってください」

城主は大層感謝し、召使に命じて大きな重そうな袋を持ってこさせた。

助産婦が袋を開けてみると、なんと中はまばゆい金貨で埋まっていた。彼女が一生働いてもこんな大金は稼げない。貧しい助産婦は、思わずその金貨に手を伸ばそうとしたが、その瞬間、いつかの猫の忠告を思い出した。それでこう返事をしたのだった。

「こんな大金は受け取れません。銅貨一枚だけで結構です」

銅貨一枚が助産婦のいつもの報酬だった。城主には何度も金貨を受け取るように言われたが、助産婦は固く辞退して、お城を後にした。

馬車で送ってくれた城主は、馬車の中でしつこく聞いてきた。

「私が差し上げたいと言っているのだから、遠慮はいらない。何も悪いことをして大金を手にするわけではない。どうして受け取らなかったのかね？」

そこで、助産婦はかつて助けた猫が悪魔であったことや、その悪魔が授けてくれたウィズダムについて話した。

その話を聞くと、城主は悪魔の姿になり、

「お金の誘惑に負けない人間がいることを初めて知った。この次はお金ではなく、ご馳走で人間を誘惑することにしよう」とつぶやいて消えた。


それから何年も経ったある日、村のラバイが見知らぬ人の葬式に招かれた。ラバイは遠いお城に連れて行かれたが、そこで死者を丁寧にとむらった。そこの城主はお礼にと、今までラバイが食べたこともないような豪華な食事に招いた。しかし、ラバイは助産婦から話を聞いていたので、思わずよだれが垂れそうな食事には一切手をつけず辞去した。城主はラバイの前には二度と現れなかった。

数年後、同じ村のモヘル（割礼手術をする人）のところに、見知らぬ人から依頼が来た。このモヘルはケチで有名だった。「モヘルをして、真面目に仕事をし、ユダヤ教の勉強をしているのだから、寄付はしない」と言い、小間物問屋とモヘルの仕事でお金を貯め、一切のツェダカ（収入の一〇分の一を寄付するユダヤの習慣）をしていなかった。

モヘルが出向いた先は、立派な城で、男の子が毛布にくるまれていた。急いで割礼手術を施すと、その城主は大変感謝し、「ぜひ受け取ってください」と金貨の詰まった袋を差し出した。モヘルは辞退した。すると「では豪華な食事をぜひ食べていってください」と言われたので、これも断った。ラバイから話を聞いていたからだった。

すると城主は悪魔になった。

「おまえはケチだと聞いていたが、金貨にもご馳走の誘惑にも負けないのであきらめよう。ただし、一つだけ忠告しよう。今後も今までのようにツェダカをしないのであれば、いずれおまえは悪魔の世界に引き込まれるであろう」

そういうと、悪魔は消えていった。

村に戻ってラバイにこの話をすると、「それは悪魔の言う通りだ」と、ラバイからも忠告を受けた。それ以来、このモヘルは心を改め、ツェダカを一生懸命行うようになった。

人のためにお金を使えば、長く幸せになれる

決して金の奴隷になるな

「不相応な大金は、人がくれると言っても手にしてはいけない」

「不相応に贅沢で豪華な食事を振る舞われても、決して口にしてはいけない」

「貧しい人のために寄付をしなければ、悪いことに引き込まれて幸せにはなれない」

幼いころ、母親から聞かされた話をユダヤ人は心に刻む。ユダヤ教では金儲けも食事も、すべて貧しいくらいに控えめにすること、弱い者のために寄付せよと教える。

そして自分がお金を稼ぐ年齢になってからは、せっせと寄付に励むようになる。その行為が結局は自分を幸せにしてくれると信じているからだ。ツェダカとは、貧しくても金持ちでも収入の一〇分の一を寄付しなさいというユダヤ教の教えである。使い切れないで死ぬ時に地獄か天国に持って行く金が残ることになるのは、ツェダカが足りなかった証拠であり、「金貨がパンパンに詰まった財布には祝福は訪れない」というのがユダヤの教え。パンパンにならないように常に収入の一〇分の一を寄付するのだ。

また、美味い儲け話や、不相応な接待には決して乗らない。

そうした話には必ず裏がある、悪いことに引き込まれる予兆だと考えるからだ。

仕事の正当な報酬は、家族を支えるほどのものでよく、それ以上のものを差し出されても受け取るべきではなく、無論こちらから請求などしてはならない。万が一思いもかけない報酬を受け取ってしまったら、貧しい人のために寄付をするべきだと、ほとんどのユダヤ人が考える。

分不相応な大金を持っていると、ついつい贅沢なグルメに走り、メタボになってしまう。昔のローマ人がそうだったとユダヤ人は教えられている。不健康で短い人生を招くことになる。それどころか、周囲の人間関係も悪くなり、どんどん幸せとは縁遠くなる。


「金貨はよい輝きを放つが、ありすぎると周辺の温度を下げる」

「金持ちに相続人はいても、子どもはいない」


というのもユダヤの格言である。大金を手にすると、金の奴隷になって大切なものが見えなくなってしまう。ユダヤでは、楽しい親子関係は人生の幸福の一つだと考えるが、大金はこの親子関係をも壊してしまうと戒めているわけだ。

親の財産を独り占めするような悪しき子どもにならないように、そして誘惑に負けて金の奴隷にならないようにするためには、次の五つの心構えを親は教えなさいとラバイは説教する。

五つの心構えとは、

1、Decent（適正）……身の丈に合った報酬、生活を
2、Discipline（自己規制）……日々勉強を重ねよ
3、Restriction（自己抑制）……誘惑に負けないよう自分を抑えよ
4、Control（自己管理）……しっかり自分を管理せよ
5、Honest（正直）……嘘をつかず、正直に生きよ

ユダヤ人はこの五つの言葉をいつも心に留めて生活している。

これらの言葉の反対語は何だろうか。順に「貪欲」「怠惰」「放蕩《ほうとう》」「不摂生」「虚偽」であり、ユダヤ人が人生でやってはいけないとされる五つの禁止事項でもある。現代の日本人には残念ながらこのすべてが当てはまる。日本企業は貪欲にマーケットシェアばかり気にし、国民の祝休日が多く、ドイツ人やアメリカ人より怠惰で、ブランド物を買い漁《あさ》る放

蕩を重ね、グルメに溺れ、偽装表示までして金儲けしようとする。お金儲けでこの五つの禁止を破れば、金の奴隷となって必ず悪いことが起きるとされ、実際多くの人間が破滅していったのである。日本でもバブルが崩壊し国富の大半を失った。ソロモン王が三人兄弟の弟に授けたウィズダムの話も、この五つの教えに則《のっと》ったものだ。金貨百枚に目がくらんだ兄たちは、自己抑制や自己管理ができなくなって、命まで失うことになった。

私が弁護士としてつき合ってきた人々の人生を振り返ってみると、贅沢をし、金にあかせて豪華な食事を取り続けていた人たちは、何年か後に、ビジネスで大変な損害を被《こうむ》ったり、犯罪に手を染めて刑務所に入るような人が多かったように思う。あるいはアルコールや美食に伴う不摂生で健康を害し、早くにこの世を去った人も何人もいた。ウオール街の経営者でも、羽振りの良さを見せびらかすように一本何十万円もする高級ワインを開け、一流レストランで特別注文の料理を食していた人たちの大半は没落し、今いずこである。

「Eat poorly, Think richly」

かく言う私自身もユダヤ人になる前、高級ワインを飲み、贅沢な食事をしていた時期があった。今の質素な生活から比べれば、隔世の感がある。あのような生活を続けていたら、きっとどこかで道を踏みはずしていたように思う。

ユダヤでは、貧しく質素な食事で十分豊かに過ごせると考える。安息日の夕食では、洗濯したての清潔なテーブルクロスと二本のロウソク台、そしてユダヤ人の作った赤ワインと、少しの食事さえあれば良いとする。

日本では「ボロは着てても心は錦」というが、ユダヤ人は違う。「ボロを着なければ心は錦にならない」と考える。だからユダヤでは「錦をまとうと心はボロだ」と教える。「美食に走ると心は腐る」という。

簡単に言えば「**美味いものを食ってばかりいると、バカになる**」ということだ。ローマ帝国が栄えていた時は海老の消費量が格段に増えたという。美食に海老は付きものだから だ。毎日のようにローマ人は美酒美食に酔い、それでローマ帝国は滅亡した。こうして滅亡していった国は他にもいくらでもある。日本も世界有数の海老の消費国である。一人あたりの消費量にいたっては、二キロを超え、アメリカに迫る勢いだ。どんどん頭が悪くなっている証拠だ。その結果、ＧＤＰの二倍以上の借金大国になってしまった。美食は人間の思考を停止させる。

ユダヤにカシュルートという厳格な食事戒律があるのは、「ユダヤ人が生きている目的は、美味いものを食べるためではない」ということを、人々が日々思い知るためにある。

日本人にわかりやすく言えば、「食べるために生きるのではなく、生きるために食べる」

という表現が一番近いかもしれない。生きるために食べるなら、貧しい食べ物でも十分なはずだ。美食は健康を害するから生きるという目的に反するのだ。食べることのために時間と意欲とお金を使うのは、身を持ち崩す最大の要因となる。

「Yelp《イエルプ》」というアメリカで流行っているウェブサイトがあるが、このサイトで調べれば自宅から何キロ圏にある最も美味い店の情報があっという間に出てくる。「ザガット」とか「ミシュラン」というのもそうだ。その店に行った人の感想や評価も書かれていて、情報量も豊富だ。私も昔はこうしたサイトで三ツ星レストランの情報を集めたりしていた。随分と無駄な時間を過ごしていたと思う。そんな金と時間があるなら、ツェダカや社会奉仕に使うべきだった。

日本のウェブもテレビもグルメ情報ばかりだ。人気のある店に入るには行列もいとわない。ユダヤの食事戒律は、そんなことのために時間と労力を使うのは最も愚かだと教えているわけだ。

ユダヤ人がこの世に生まれて来た存在意義は食べることにあるのではない。ヘブライ聖書の勉強を通じて、神がこの世にユダヤ民族を遣《つか》わしたミッションを十分理解し、その教えに従って生きること。

それがタルムードの「**Eat poorly, Think richly**」**貧者のごとく食べて、豊かな考えを**

巡らせよという教えなのである。

ユダヤ教に触れて改宗まで行なった今の私は、ほとんどお金を使わない。金はいらない。しかし、毎日が充足感に満ちている。ユダヤ人同士が、ロータリークラブのように一流のホテルで会食することは絶対にない。シナゴーグという貧しく質素な建物で、粗食のコーシャー食とサラダ、フルーツを一口、二口、口にしながら、タルムードの勉強をしたり、モーゼ五書の議論をする。時にはお茶だけで二時間ほども議論する。まさに、「Eat poorly, Think richly」である。

今の日本は、「Eat richly, Think poorly」になってしまっていないか。私は何とかその中から抜け出した。「Think richly」は努力中だが、「Eat poorly」は完全実践している。食事がまず粗食でなければ豊かな思考ははぐくまれない。勉強や議論が大事だ。

グルメ情報を追いかけ、美味いものの三昧をし、休日は勉強などせずゴルフに行くだけ、という生活をしていたら、自動的に思考は停止する。脳細胞は退化し、同時に金運も健康運も低下し、身を滅ぼすことになりかねないということを肝に銘じておいたほうがいい。そういえば振り返ってみると、美食家の人で〝ウィズダム〟を持ち合わせた人は見たことがない。

この章の最後に、物欲や金銭欲に踊らされることを戒めるユダヤの格言を一つ紹介しておこう。

「今日あなたは、自分の穀物倉庫を見て穀物の量を数えようとした。その瞬間にあなたは神から見放される」

――タルムードの格言

この格言は、お金や物など「数えられるものに」に幸せは宿らない、ということを教えている。「ああ、今日はこれだけ儲かった」「今月の収入はいくらだ」と考えた瞬間に、ユダヤでは「神の庇護《ひご》がなくなる」と言われている。自分の財産を数えてみたり、預金通帳を見ていくら貯まったか数える行為も同様だ。「お金儲けに一喜一憂すること」を神が聖書の中で明確に否定しているのだ。

金銭欲に踊らされると、幸せは遠ざかる。このことをユダヤ人は子どものころから、さまざまな格言や小話で叩き込まれ、ほどほど（適正 Decency）を知り、お金に対する自制心（Discipline）を学んでいくのである。

第 二 章

タルムードの知恵をビジネスに活かす

「なぜユダヤ人の目は中心が黒くてその周りは白いのか？」

「世界は暗い面から見たほうが、物事が良く見えるからだ」

お金儲け、ビジネスはあくまで自助努力

私がユダヤ教を勉強し始めてから、改めて日本という国を見直してみると、お金やビジネスに対する考え方の、世界との大きな違いを感じることが多い。「地獄の沙汰《さた》も金次第」と日本では言うが、ユダヤ人が聞くと腰を抜かす。神は金で買収できると言っているからだ。「イエス・キリストは金で動く」「モハンマドは金で動く」と言っているに等しい。神を冒瀆《ぼうとく》する言葉だ。日本に対し西洋・イスラムが最も違和感を感じる言葉だ。神が金でどうにかなると考えているだけではない。日本という国が異様に見えるのは、世界の多神教の国々でもかなり希少な「お金儲けの神様」が存在することだ。

毎年、初詣で、お金儲けにご利益があるとされる神様に、「商売繁盛」を祈願する人は多い。小さな店の主人から大会社の社長まで、その年のビジネスがうまくいくようにと、年頭に神様に手を合わせる。健全さを売り物にするはずのスポーツ選手までもが神社でシーズンの初めに必勝祈願のお祓いを受ける。自分が勝つことを祈ることは、相手が神の力

で負けることを神に頼むことではないか。極めつけは合格祈願というやつだ。自分の合格を神に頼むということは、自分以外の誰かが落第することを神に頼むことだ。いずれも良い成績を出してお金（優勝賞金や良い大学を出れば良い就職ができ、お金に苦労しない）にありつこうという発想だと思える。

しかし、ユダヤ人から見ると、これはあり得ないことだ。なぜなら、一章で説明したようにユダヤの神は「お金儲けに一喜一憂すること」を否定し、拝金主義の人間を容赦なく断罪しているからだ。

このように言うと、「そんなことは信じられない、ユダヤ人の富豪やビジネスの成功者はたくさんいるではないか」と反論されるだろう。実際その通りなのだが、逆説的に言えば、「お金儲けに踊らされない」からこそ、その緻密な計画性と適正な判断力で日本人をはるかに上回る経営手腕を発揮できるとも言える。

日本では商売がうまくいかなくなったり、ビジネスや学業が行き詰ると、すぐ困ったときの神頼みになる。誰もが本気で神様が助けてくれると信じているわけではないだろうが、どこかで「奇蹟の大逆転」が起きることを期待しているのではないだろうか。

もちろん、やるだけやった後の「神頼み」というわけなのだが、私が見る限り、本当にやるだけやったのかと疑問に思う。神様に頼る前にもっと考えるべきこと、議論すべきこと、やっておくべきことがあるのではないか。頭の片隅で、このくらいやったのだから神様が助けてくれるだろうという「甘え」が、お金儲けやビジネス、学業に対するガードを緩くしているのではないかとすら思うのである。

ユダヤでは、ことお金やビジネス、学問、学業に関しては、神が助けない。お金を稼ぐこと自体は、生きるための手段であるから、それは否定していない。しかし、どうしたらお金が儲かるか、商売がうまくいくか、学業が成就するかといったアドバイスなど、聖書のどこにも書いてないのである。

つまり、生き抜くためにお金を稼ぐ方法、学問で成果を上げる方法は自分で考えなさいと、突き放しているとも言える。

ユダヤの人々は、聖書を読んで神の教えを守りながら、一人一人が自助努力をしていくしかない。大学やビジネススクール、ロー・スクール、メディカル・スクールで、彼らは懸命に勉強し、知識やスキルを身につける。その努力は生半可《なまはんか》なものではない。だから上の学校に行けば行くほどユダヤ人の比率は高くなる。ハーバードなどの三分の一はユダヤ人で占められている。また、フェイスブックのザッカーバーグ、グーグルのラリー・ページなどはユダヤ系だが、偶然金持ちになったのではない。親の教育と懸命な自助努力の結果である。

我々ユダヤ人はひとたび疑問が生じると、なぜそうなるのか、違う答えもあるのではないかと、同胞と何時間でも議論し、「WHY」を追及する。納得するまで相手をいやというほど質問攻めにする。日本人のように、「まあまあ」とお茶を濁《にご》すようなことは決してない。

交渉ごとも同様である。日本人はビジネスの交渉で相手と条件が折り合わないときに、よく「これは我が社の方針でして」という言葉を口にする。同じ日本人なら、この言い方は「これ以上譲歩する余地はない」ということだなと解釈するだろうが、相手がユダヤ人ならそうはいかない。間違いなく「我が社の方針とはどういう方針ですか？」と切り込んでくる。「どういう方針なのか具体的に説明して欲しい」、さらに「その方針を決めているのは誰ですか」「その方針を決めている人と直接交渉をさせてもらえないか」と、ぐいぐい相手を質問攻めにしてくるだろう。ユダヤ人に質問攻めにされるとたいていの人はギブアップするだろう。それぐらい次から次へと質問が口をついて出るのがユダヤ人だ。

質問の重要性がわからない日本人

ハッキリ言って、ユダヤ人相手に交渉ごとをしたら、間違いなく日本人はヘキエキするだろう。しかし、ユダヤ人でなくとも、欧米のビジネスマンならあの手この手で質問力を駆使して交渉に臨むはずだ。日々そうした鍛錬を積んでいるからである。

日本人はそもそも質問することもされることも嫌いである。質問自体を否定するのが日本文化だ。かつて私があるセミナーに出席して、「日本もセキュリティーのために街頭の監視カメラを増やす計画はないのか」と講師に質問したら、聴衆の一人から「変な質問をするな」とヤジを飛ばされた。

そのセミナーは、警察庁幹部による「日本の治安問題」に関する講演だったのだが、どうやら支援グループらが取り仕切る〝予定調和〟の講演だったらしく、私の質問は「場の空気」にそぐわないものだったらしい。場の空気を読み、誰もが回答の内容を予期しているようなお手盛りの質問など、する意味がないではないか。

質問に対する回答を求めるのではなく、気持ちや場の空気を察することを要求するのが、日本式のコミュニケーションであり、ビジネスシーンでもこうしたお決まりのやり取りがよく見受けられる。「下手な質問」をしないことが、ビジネスや人間関係を円滑に運ぶ手段と思っているようだ。しかしユダヤ人から言わせると質問に下手も上手もない。質問だからだ。

こと国際的ビジネスに関しては「質問をしなかったこと」が命取りになることがよくある。とくに**欧米の企業は「聞かれなかったこと」は開示する必要がないという態度**を取る。

少しでも曖昧《あいまい》な点、疑問に思う点、説明不足だと思う点について、こちらからガンガン質問をしていかなければ、相手に有利に交渉は進んでしまう。

交渉負けするだけでなく、日本人が騙されたり詐欺に遭いやすいのも、その場できちんと確認したり、相手に情報開示を求める努力を怠っているせいではないだろうか（ＡＩＪの年金消失事件など）。組みやすしと踏めば、したたかな相手はどこまでも付け入ってくるものだ。

日本では騙す方が悪い、という認識は共通だ。一方ユダヤでは**騙される方が悪い**、という認識が共通だ。騙されないためには質問する以外にない。

だからこそユダヤ人は、そんなリスクを徹底的に回避するためにあきれるほどしつこく質問を繰り返し、相手が付け入る隙を与えない。彼らにとってビジネスは、いつだって「生き残るためのサバイバルな闘争」なのである。そのために勉強し、考え、議論し、自己主張をする。

二〇一一年来、日本ではＴＰＰ問題がメディアを賑わせている。ＴＰＰに関しては推進派にも反対派にも言い分はあると思うが、私の見方は実にシンプルだ。「ＴＰＰ」とは、「取って、パクって、パクりまくれ」の頭文字にしか解釈できない。もちろん取ってパクる側はアメリカである。つまり、アメリカは戦闘態勢で日本の市場を取りに来ているのである。

日本は悠長に構えている暇などないはずである。

しかし、もはや主導権をアメリカに渡したのも同然のＴＰＰ交渉で、日本がどれだけ有利に協定を進められるのか、はなはだ怪しい。なぜ日本は、「ＪＰＰ」と銘打って、日本が主導して自分たちに有利な貿易協定を全世界に進める強気な発想が持てないのだろうか。

想定外にも対処せよ

反論しない。一列横並び。突出を嫌い、場の空気ばかり忖度《そんたく》する。こうした日本人気質は、これから当分続くであろう世界恐慌を生き抜いていくためには、マイナスになることばかりである。

「相手が攻撃を仕掛けてきたその瞬間の反撃は、正当防衛として許される」

というユダヤの教えがあるが、国際社会では、その場で反論しないと相手に同意したものと見なされてしまう。沈黙は相手に従い、主導権を渡しますというサインに他ならない。

また日本人独特のビジネストークとして、その場では「おっしゃることはごもっともです」などと適当に相手に合わせ、あとでやんわり断るといったやり方をすることも多いようだ。日本式のいわゆる「波風を立てない」手法なのだろう。

しかし、国際社会ではこれは通用しない。「ごもっとも」と相手に同意したところで、それが本意と見なされる。あとから「そんなつもりで言ったのではない」と抗議しても後の祭りだ。

日本のビジネスマンは、ビジネスに関するハウツー本が好きだが、特に強く指摘しておきたい。ビジネスはハウツーではないということだ。ハウツーで仕事をこなしている人は、一見何でも器用にできるように見えるが、じつは生死に関わるような、大きな失敗をする可能性が高い。物事の本質を見ようとしないからだ。うまくいっているのは一時で、必ず「こんなはずではなかった」という事態に陥るのではないか。

二〇一一年は、東北大震災や原発事故などがあり、「想定外」という言葉が日本のメディアに飛び交った。人間の想像力など高が知れているのだから、想定外のことはいくらでも起こり得るのである。しかし、ハウツー本には、想定外のことは書かれていない。つまり、一番大事なことが書かれていないのである。

それに対して「ヘブライ聖書」には、どんな想定外のことにも対処していける叡智がふんだんに盛り込まれている。

エベレストの頂上まで水没してしまう洪水が起こったり、人間の知恵を結集して建築したバビロニアの超高層ビルが一瞬で壊れたり、空から火炎放射器で焼き尽くされたりと想定外の出来事のオンパレードなのだ。それらを生き抜く知恵こそが、ユダヤ人のビジネスにおける成功哲学なのである。

いかにリスクを小さく、想定外のトラブルを乗り越えられるか。この生きるための「基本精神」こそが時代を正確に読み解く能力を鍛え、ビジネスの成功を手繰《たぐ》り寄せてきたのだと思う。

その成功哲学の基本書がタルムードなのだ。タルムードで頭が鍛えられると誰にも負けない叡智が身につくのである。ハーバード・ビジネス・スクールの教授全員が一〇〇〇年かかってもタルムードの叡智を凌駕《りようが》する授業内容は教えられない。

そんなタルムードの知恵をビジネスに活かさない手はない。一章と同じようにまずは説話の「基本精神」を理解し、そこからハウツー本では決して語られない、ユダヤ式ビジネスの極意を学び取って欲しい。

神との交渉

神――「ソドムの町は悪人で満ちている。すべて焼き払わねばなるまい」
アブラハム――「ちょっとお待ちください。もしソドムの町に五〇人の善人が残っているとしたら、神様は善人も悪人も一緒に焼き払うおつもりですか？」
神――「いいや、もし五〇人も善人がいるなら、町全体を焼き払うことはしない」
アブラハム――「私アブラハムは神様から見れば取るに足らないクズのような人間です。失礼を承知でもう一つだけお聞きしてもよいでしょうか。五〇人と言いましたが、それから五人ほど少なかっただけならどうでしょうか。あまり変わらないと思いますが」
神――「うむ。四五人くらいなら、その四五人の善人のために町は救おう」
アブラハム――「失礼ながら、もう一つ聞いてもいいでしょうか。今、四五人と言いましたが、それが五人ほど少なくても町を焼き払うのでしょうか。それが神の正義というものでしょうか」
神――「うむ。四〇人も善人がいれば、ソドムの町を救ってもよい」

アブラハム―「神様、私も自分でも少しくどいと思っていますので、お怒りにならずにもう一つ聞いてください。四〇人から一〇人欠けて三〇人善人がいても、町全体を焼き尽くすおつもりですか？」
神―「いいや、三〇人いれば、町を助けよう」
こうしてアブラハムは、神と交渉し続け、最終的に一〇人善人がいれば町を焼き払わないという約束を取り付けたのだった。

しつこい交渉と少しの成果の積み重ね――ユダヤの漸進《ぜんしん》主義を仕事に活かせ

相手が誰であってもあきらめない

この説話の背景は、ヘブライ聖書の創世記。悪徳に満ちた町ソドムを神が滅ぼそうとするが、ユダヤ人の始祖であるアブラハムが、神と交渉してそれをやめさせようとする。

まずこの説話で驚くのは、アブラハムが神様と対等に取引きしていることである。事実、ヘブライ聖書には、こんな調子でアブラハムが、自分のことをクズだのくどい男だのとへりくだりながら、巧妙に神を交渉の場に引きずり出している様子が、こと細かに記されている。

そして最初は五〇人の善人がいれば町を助けるという交渉から、なんと一〇人まで交渉を続けて神の譲歩を勝ち取るのである。まさに粘り勝ちだ。聖書の話には続きがあって、アブラハムが交渉に骨を折ったものの、ソドムの町には一〇人も善人がいなかったようで、結局町は神の怒りに触れて焼き払われてしまう。

この説話からはさまざまなことが読み取れるが、まずその一つは、「どんな相手であってもあきらめずに立ち向かえ」という実行する勇気である。相手が神であっても闘いを挑む勇気を持てと教えているのだ。残念ながら最後の最後でアブラハムの交渉は頓挫《とんざ》したが、もし善人が一〇人いたら町が助かるチャンスはあったのだ。

人間あきらめたら終わり

さて同じことが二度起こった場合、ユダヤ人はどうするだろうか。「どうせあの時神は救ってくれなかったのだから、今回も失敗するに決まっている」と、交渉をあきらめるだろうか。答えはもちろんノーだ。日本では「人間あきらめが肝心」などと言うが、とんでもない間違いだ。ユダヤでは「人間あきらめたら終わりだ」と教えられている。ユダヤ民族の極《きわ》だった特性に漸進主義がある。少しずつしか進まないが決して歩みを止めない。何千年も止めない。だから「あきらめる＝止める」はあり得ないのだ。ユダヤ人は少しでも生き延びるチャンスがあれば、決してあきらめずに、立ち向かっていく。相手がたとえ神であろうとだ。

その神自身が、あきらめることは許さないと聖書で教えているのだから。

「少しの成果」を積み重ねる

そしてもう一つ、この説話が教えるのは、現実的で有効な交渉テクニックである。ヘブライ聖書に書かれているこれこそが、ユダヤ人の漸進主義、現実主義の起源である。ユダヤ人の交渉上手は、実はヘブライ聖書で鍛え上げられたものなのだ。

まず少しの成果で満足する。そして、次に時間を置いて、相手の反応を見つつまた少しの成果を得る。アブラハムが五〇人から五人ずつ神の譲歩を取りつけていったように。

第一章の「ナポレオンとニシン」の話を思い出して欲しい。とりあえず着実に手に入る成果を求める。これがユダヤ式交渉術の基本だ。この「少し」を、しつこく、何度も繰り返す。これによってアブラハムが神から大きな譲歩を引き出したように、最終的には成果は大きなものとなる。

舌の先に幸せがある

日本人の場合はユダヤ流とはまったく逆の方法を取るようだ。私は弁護士として日本人のビジネスの場での交渉ごとを多く見てきた。日本には「交渉の折り代《しろ》」という言葉がある。日本人は一般的に、交渉の時にはまず要求を大きく出して、それから落としどころ（折り代）まで譲歩していくやり方を取る。一〇〇万円の要求が落としどころだとすると、最初はどんと一〇〇〇万円の要求を出し、交渉の上で譲歩していく。

このやり方が成功するには、一〇〇〇万円という額に相手が驚くことが前提だ。相手が日本人の交渉術を見透かしていれば、足元を見られ、逆に手玉に取られる。落としどころを一〇〇万円と踏んでいたのに、逆に五〇万円くらいに押さえ込まれてしまうかもしれない。

日本人の交渉術は、単なる心理作戦、はったりである。相手の感情の動揺を誘って交渉を有利に進めようとするやり方だ。これは感情に左右されない相手には通用しない。太平洋戦争開幕のきっかけになった真珠湾攻撃のようなもので、相手が心理的に動揺するどころか逆にぶち切れて裏目に出ることもある。日本人以外、ビジネスの交渉ごとに感情を入れ込む民族はほとんどない。

ユダヤの交渉術は、落としどころなど最初からあり得ない。漸進主義だから最初から少しずつしか要求しない。論理作戦、理屈法である。「A」がOKならば「A'」もOKではないのかと、ユダヤ人独特のロジックで、論理の罠に相手を巻き込んでいく。決して成果をあせらない。少しの成果を積み上げていく。そのためにいくらへりくだろうと、成果を上げるためのリップサービスなら惜しみなく相手に与える。

ユダヤ人は大量に言葉を使う「多言民族」である。よく喋り、よく発言し、よく主張する。ユダヤには「**舌の先に幸せがある**」という格言がある。

黙っていては幸せは逃げていく。少しずつ少しずつ永遠に、決してあきらめず、あの手この手で言葉を駆使して幸せを手繰り寄せる、これがユダヤの交渉術なのである。

デボラの闘い

ある村にデボラという名の美しい娘がいた。裕福な両親に育てられ、デボラはユダヤ人として、きちんとトーラーを学んでいた。年頃になったデボラは、両親の選んだ青年と結婚することになった。しかし、結婚式当日の夜、新郎が突然死してしまった。

それから何年か経ち、デボラはまた親の選んだ素晴らしい青年と結婚することになった。ところが、またも結婚式当日の夜、新郎が突然死してしまった。そして、なんと三度目の結婚式でも新郎が結婚式当日の夜に死んでしまった。

デボラは結婚をあきらめかけた。

その後しばらくして、親戚の息子が遠い村から来て、デボラの両親にたいそう気に入られた。すると、その男性は「デボラを嫁にしたい」と言ってきた。両親は、過去に三人も新郎が亡くなっていることを彼に話し、何とか思いとどまらせようとした。

しかし、彼は「私は神に対し誠実で気に入られています。そんなことは起こりません」と食い下がった。それで両親も折れ、デボラとその男性は結婚することになった。

神は、その結婚式当日、その男を天国に召し上げるため、使いの天使を地上に寄こした。死の天使は新郎に向かって「私と一緒に来てもらいたい」と天国への旅立ちを促した。そこへ、今度こそはと待ち構えていたデボラがいきなり割って入った。

「あなたが今まで私の新郎を奪って行った死の天使ね。天に戻って神に伝えて」

デボラは大きな声で死の天使にこう告げた。

デボラ―「トーラーによると、男は結婚したなら花嫁と一緒にいるべきだと書かれています。したがって、神は私の花婿《はなむこ》を天国に連れて行くことはできません」

死の天使―「なんと、お前は神の決定に異議を唱え、議論を挑むのか」

デボラ―「そうです。トーラーには『男が結婚した場合には、仕事よりも家庭を優先して妻と一緒にいるようにしなくてはならない』と書いてあります。結婚式の夜に私の夫を天国に拉致《らち》するのは、この教えに反します。トーラーの教えは神が作ったものではないのですか。神は自分の作った教えを踏みにじるのですか。それなら私は神を被告として宗教裁判所に訴えます」

このように一気に述べて、デボラは死の天使をにらみつけた。驚いた死の天使は、あわてて天国に一人で戻り、神と相談した。

死の天使――「デボラは神様を法廷に引きずり出すと言っています。法廷で決着をつけると言っていますが、どうなさいますか」
神――「う～む、まいった。デボラのところにはもう行かなくてよい。他の娘のところへ行け」
こうしてデボラは、愛する夫を死の天使の手から取り戻し、末永く幸せに暮らしたということだ。

権力者にも臆するな――日ごろから議論の勉強を積め

真剣勝負をしたデボラ

デボラの説話もまた神に闘いを挑む人間の話だ。結婚したばかりの夫を次々と天に召されてしまったデボラは、度重なる不幸に、自分はもう幸せな結婚はできないとあきらめかけるが、再び幸せのチャンスが訪れる。

ここでの神は、人間たちの命を自由に奪える「権力者」として表現されている。その全権を握る権力者に、デボラはたった一人で立ち向かう。自分は何も悪いことをしていないのに、なぜこんな不当な扱いを受けるのかと、敢然と議論を挑むのである。

二〇一一年三月一一日から一年経った日、各地で東日本大震災の犠牲者追悼が行われた。犠牲者を悼むのは大切だが、そこで止まっていて良いのか。同じことが二度と起きないよう、経験を今後に活かそうという動きが日本ではあまり見えない。

日本では自然災害など強大な力で襲って来るものについて「台風一過」と言い、不幸には身を低くして過ぎ去るのを待つことが良いとされる。しかし、ユダヤではいかなる強大な障害にも正面から立ち向かうことが良しとされる。

こんな説話もある。

ユダヤの王ディヴィッド（ダビデ）の若かりし頃、ユダヤの敵フィリスティナはイスラエルを攻撃せんとし、双方の最も勇敢な戦士による一騎打ちを仕掛けた。フィリスティナ軍は最強の戦士、三メートルも身長のある屈強のゴライアス（ゴリアテ）を出してきた。一方イスラエル軍はこの大男に恐れをなし、皆縮み上がった。ところが驚くなかれ、まだ少年の面影を残す青年ディヴィッドが立ち上がり、「鎧《よろい》も剣もなしでゴライアスをやっつけてみせる」と言うや否や、自分で作った投石器を取り出すと思い切り第一投をゴライアスの頭めがけて投石した。石は見事命中し、ゴライアスは即死した。

デボラの物語もダビデ王の物語も、「どんな権力者に対しても、正々堂々と自分の考えで挑め」ということを教えているのである。

正々堂々と自己主張するには、相手を論破または打破できる論拠ないし仕組みを持っていなければならない。デボラの説話で重要なのは、デボラが日々勉強に励み、きちんとトーラーを学んでいたということである。だからこそトーラーに書かれている神の教えとの矛盾を指摘し、神を法廷に引きずり出す覚悟があるとまで言い切れたのだ。ダビデ王の物語も、どんな強大な相手でも、戦う仕組み（この場合は投石器という新兵器）さえ編み出せば勝てるということを教えているのだ。

この教えはビジネスシーンに簡単に移し変えることができる。どんな偉い人が相手であっても、臆《おく》することなく交渉に臨め。日ごろから勉強を積んでいれば、相手が格上の人間であっても論破することは十分可能であるということだ。

どうも日本人は大会社の権威や肩書きに弱く、自分の会社が小さかったり、肩書きが釣り合わなかったりすると相手に遠慮して、うまく議論や交渉ができない。あるいは闘おうとすらしないようだ。相手が神であっても一歩も引かないデボラの態度、三メートルもの大男に立ち向かったダビデ王の投石器の仕組みは、その勇気と信念の一途《いちず》さで、逆に権力者の信頼を勝ち取ることができたとも言える。

私も弁護士という仕事柄、相当したたかな相手と交渉をすることが多い。つい先日も北京で、あるファンドマネージャーのユダヤ人と、丁々発止の議論をしたばかりだ。議論の内容はそう複雑なものではない。私は相手のファンドのパフォーマンス情報を先に公開しろと主張し、先方は私の紹介する顧客の詳しい情報を先に教えろと主張。お互い全く譲らずで、延々二時間それだけの議論で終わった。こんなことはユダヤ人とは日常茶飯事である。

議論をし合いながら、どうやって相手の殻《から》をこじ開けるか。その努力をしたほうが勝つ。交渉を続けるうちに、互いの状況が変わってくることもある。今は傘下《さんか》のファンドでかなり成功を手中にしていても、運用資金が欲しいとなれば、先方も出方を変えてくる。そこでまたどう条件を出し合って交渉をするか、新たな議論を構築していく。真剣勝負だから、互いに下手な譲歩は絶対にしない。

しかし、そこで交渉が決裂したとしても、議論し合った時間は無駄ではない。簡単には折れず、真剣に議論ができた相手とは、ビジネス上の信頼関係が築けるからだ。そういう相手は印象深い存在として頭に残っているので、新しいビジネスのパートナーが必要になるなど、何かあった時に必ずその存在が思い浮かぶはずだ。

交渉ごとの議論は、勝つか負けるかも大事だが、長くつき合える信頼のおける相手かどうかを見定める物差しでもあるのだ。

「できる敵」は、味方になった時、頼もしい相棒になる。

手と足と目と口、一番偉いのは誰？

人間には足が二つ、手は二つ、目は二つ、耳は二つ、鼻の穴も二つと、重要なものはすべて二つある。ところが口は一つしかない。このことをユダヤ人は、「なぜなのか？」と、古来から議論をしてきた。そこでこんな説話を紹介しよう。

ある国の王様が、不治の病に侵された。どんな医者もこの病を治せず、王様はどんどん衰弱していくばかりである。

そんな折、ある祈祷師《きとうし》が通りかかって、病気の診断をした。

「この病気を治すには、世界で最も手に入り難いといわれている、母ライオンのお乳を飲ませるしかありません」

そこで、「母ライオンのミルクを取ってきた者には、どんな褒美でも取らせる」とお触れが出された。

とはいえ、母ライオンは、子どもを守ろうとして、近づく者を皆咬み殺してしまう。褒美は魅力的だったが、国中の人間は怖がって、ライオンのミルクなどとても取りには行けなかった。

しかし、村に住んでいた一人の若者がこれに挑んだ。彼の目と耳が相談し、一頭の母ライオンを見つけた。いろいろ考えた末に、母ライオンに羊の肉を与えて一歩近づき、また次の日も羊の肉を与えて一歩近づき……と、これを何日も繰り返して近づく方法を思いついた。

若者はこの方法を勇気をふるって実行に移した。そして何日も繰り返して、両手、両足、両目は、母ライオンの乳房のところにまで近づいた。若者はついにライオンの警戒心を解き、母ライオンの温かで新鮮なミルクを取ることに成功した。

ところが、いざ王様のところにミルクを持って行こうとしたとき、両手と両足と両目が喧嘩を始めた。

両目――「このオレが母ライオンまでの距離を正確に目測し、一歩一歩近づくことができたんだ。だからこのオレが一番たくさん褒美をもらうべきだ」
両足――「何を言う。このオレがいたからこそ、もしライオンが襲ってきても逃げることができた。一番大切な役割だ。もちろん、一歩一歩近づいたのもオレだ。だからオレが一番たくさん褒美をもらうべきだ」
両手――「何を言う。母ライオンの乳をしぼったのは、このオレだ。それこそ一番大事な役割じゃないか」

三人の論争を聞いていて、今まで何もしなかった「口」が、初めて口を開いた。

「両手も両足も両目も言っていることは全然なってない。このオレこそが、一番褒美をたくさんもらうべきだ」

これには、両目、両足、両手も大反論する。

「何を言っているんだ。おまえは何もしていないではないか。したがって、おまえの褒美は何もないぞ」


ところが、ミルクを王様に届けたときに、口が勝手に叫びだした。

「王様、ここに犬のミルクを持ってまいりました。これで王様の病気は直《ただ》ちに全快するはずです」

この言葉に王様は大激怒。

「母ライオンのミルクを持ってこいと言ったはずだ。なのに犬のミルクを持ってくるとは何事だ！　ふざけた野郎だ、即刻処刑せよ！」

両目、両手、両足は、王様の剣幕《けんまく》に震え上がり、「おい、何とか言ってくれ。頼むから本当のことを言ってくれ」と、口に懇願した。

「それみろ。口こそが一番重要なのだ。褒美は全部オレがもらうぞ、いいのか？」

両目、両足、両手は、しぶしぶ頷くしかなかった。

口こそ最大の武器である――日本人はプレゼン力を磨け

異論を封じる日本社会

この説話も言葉の重要性を説いたものだ。

「舌の先に幸せがある」というユダヤの格言を紹介したが、ここでも**口こそ最大の武器である**ということをストレートに伝えている。何しろこの説話の中では、両目、両足、両手すべての生殺与奪《せいさつよだつ》を握っているのは「口」の存在なのだ。他の付属器官は従うしかない。

ユダヤ人はまさに口から生まれてきたような民族で、議論や口論が大好きだ。イタリア人や中国人も口論好きだが、ユダヤ人を相手にしたらかなりの苦戦を強いられるだろう。会席でも、二人の人間が口論していると、ユダヤ人だったら平気で割り込んでいって、たちまち三人の口論が始まる。日本人は口論があまり好きではないので、自分の周囲の人間が口論を始めると、非常に迷惑そうな顔をする。

いつだったか日本人ばかりの会席で、口論大好き人間の私は口論の口火を切ったことがある。日本の戦争に絡む歴史的なテーマだったのだが、その場にいた人たちは皆一様に渋い顔をして、すぐに年長の人に「石角君、ここは議論の場ではないよ」と怒られてしまった。

だったらいつが議論の場なのか。会社の会議か。しかし、日本の会社の会議というのは、あらかじめ書類が配られ、それを確認し合う慣例的なものが多く、そこで自己主張し合うといったシーンはほとんどないに等しい。

新聞やテレビも同様で、みんな横並びの線を引き、一社だけ独自の異論を展開するなどということは、まずない。あったとしても、表には出てこない。だから日本のメディアの伝えることは信用できず、水面下の情報や異論を知りたい時には、欧米メディアの報道に耳を傾けるしかない。つまり、異論を封じてしまう社会なのだ。

ユダヤの民族はこれとは全く逆で、異論は大歓迎。**討論は一種の芸術**であり、口論や討論こそ「Wisdom」の源泉だと考えられているからだ。聖書の解釈についての議論の蓄積こそが、本書で紹介しているタルムードの教えなのである。

ユダヤ人はとことん質問する。なぜか。そうすることにより、真理が見えてくるからである。例えばユダヤ人なら、自分が手術を受ける時に、担当の外科医に、執刀経験年数、執刀数、事故数、術中の死亡率、手術の成功率、発表論文の内容・数・発表時期などと質問攻めにする。ユダヤ人の医者も心得たもので、あらかじめ質問されそうなことは紙にプリントして渡すかウェブで公表したりする。神という最高権威すら疑うユダヤ人に、肩書きなどの権威は通用しない。質問を受けつける人物か、質問に答える人物か、がまず信用の第一だ。

これに対し、日本人は質問しない。代わりに、○○大学の△△教授だから、あるいは役所がこう発表しているから間違いない、となる。従って、日本ではあることを信用させるには権威筋を担ぎ出すことだ。

欧米の学校では、「ディベート」や「質疑応答」の授業がどんどん採り入れられているが、日本ではなかなか議論の文化が育たないようだ。日本のあちこちで講演会やセミナーが開かれているが、講師が延々と喋り、質疑応答の時間は全くない。欧米では講師の話を遮《さえぎ》るように、次から次へと質問が出る。論理を考え、相手を説得するスキルを磨くことは、ビジネスでも最重要な課題である。日本の文化がどうであろうと、いまや世界は三〇億人がネットを通じて議論し、自己主張し合っている。反論されるのを避けているようでは、いまに誰にも相手にされなくなってしまう。

日本の国会の質疑を英国議員のそれと比べるとその差は歴然とする。議長から「〇〇君」と名前を呼ばれてからゆっくりと立ち上がり、「お答えします」などと言わなくても良い枕詞《まくらことば》から始め、官僚の作った間延びした答弁を棒読みする日本と比べ、イギリス議会では当意即妙のユーモアとウィットに富んだ丁々発止の議論が、二人とも立ったままでガンガン行われる。それぐらい激しく議論しないと真実と正義は見えてこないからだ。

パフォーマンスに弱い日本人

そんなことはない、今のビジネスマンはプレゼンテーションの能力を磨いているという反論はあるかもしれない。確かに、その手のハウツー本には、プレゼン力の必要性がもっともらしく書かれているし、ビジネスパーソンの意識は昔よりは高くなっているだろう。

しかし、私が見る限り、よく喋りはするが、どうも中身が薄い気がする。あらかじめ用意してきた内容に関しては雄弁だが、ひとたび違う角度から質問されると、ぐらついたり曖昧になったりする。「この場合はこう論破する」「この反論にはこの論理で対抗する」といったシミュレーションや議論の訓練がまだまだ未熟だ。こんなことでは、議論慣れしている欧米の人間にあっという間に論破され、主導権を握られてしまう。

プレゼンは中身も大事だが、それ以上に相手を魅了し、説得力のあるパフォーマンスが重要なのである。声の質・大きさ・出し方、リズム、ジェスチャー、表情など。海外の政治家や経営者には、プレゼンのためにボイストレーニングを受けたり、劇団で演技の訓練を受けたり何回も何回もリハーサルする人も珍しくはないのだ。亡くなったスティーブ・ジョブズはスクリーンと自分の身振り手振りを秒単位で合わせてリハーサルを重ねていた。

発言力を磨くということは、そうしたパフォーマンスを磨くことも含む。日本の首相は相変わらずコロコロ変わっているが、会見でのプレゼンの内容の薄さに加え、誰一人として魅力的なパフォーマンスができる人間がいない。つまり説得力というものがない。これでは国際的な信用は落ちるばかりだ。もっと日本人はプレゼンを勉強し、パフォーマンスや言葉の威力を有効に使うべきである。

次の説話は、ヘブライ聖書に載っている、モーゼが神とやり合う場面である。

モーゼの反論

神—「エジプトにお前が行ってユダヤ人全員を救い出して来い」

モーゼ—「そりゃ無理ですよ。名もない私が行って、ユダヤ人に向かって救出に来たと言っても誰も信用しませんよ」

神—「私がついておる。安心せい。私がお前をエジプトに派遣するのだ」

モーゼ—「神様、冗談言っちゃ困りますよ。私がエジプトに行ってユダヤ人全員の前で、『お前たちの神が私を派遣した。私は神の使いとしてお前たちを救出に来た』と

疑問の精神こそ道を拓く

――「NO」、そして「because」を言う訓練を

言ったら、ユダヤ人は何と言うと思いますか。『神だって？　聞いたことないな。その神の名は何なんだ？』と質問するに決まってますよ。私は何と答えればいいんですか？」

神―「私は私だ」

モーゼ―「そんなんじゃユダヤ人は納得しませんよ。お前は神を見たことあるのかと聞いてきますよ。そう聞かれたらどう答えるんですか？」

神―「心配するな。私が奇蹟を見せてやるから」

モーゼ―「私は口下手で演説も上手くできません。ユダヤ人を説得できませんよ」

神―「誰が人間に喋ることを与えたのだ。私が人間に口を与え言葉を与えたのだ。安心せい。お前には私がついている」

「なぜ？」を忘れると思考停止に

こうしたやりとりが神とモーゼの間で延々と七日間も続く。今まで紹介した説話も含めて、ユダヤには神と交渉したり、口論したり、あるいは食ってかかる話がたくさんある。ユダヤ人は「なぜ？」と、疑問を持つことの大切さを、非常に重んじている。実際、人々が考えることをやめ、「なぜ？」という言葉を忘れたとき、神は怒って大きな試練を人々に与えたのである。

ヘブライ聖書の「バベルの塔」の話をご存知だろうか。このとき世界の言語が統一され、一人の権力者が「天にまで届く塔を作ろう」と提案する。ここで神の怒りが爆発するのだが、神が気に入らなかったのは、天に届く超高層ビルを作ろうとしたことではなく、ろくに考えもせず、議論もせず、みんなが安易に賛成したことだった。「人間どもは、同じようにものを考えると、ろくなことがない！」と、塔を破壊し、統一された言語をバラバラにして世界各地で言葉が通じないようにしてしまったのである。同じ言葉を使って、同じように考えると、「なぜ？」という疑問が起こらなくなり、思考停止が始まる。神はそうなることを封じたのである。

日本は全員が金太郎飴のように同じことを考え「和を以って尊しとなす」と調和と同調

を重んじる。だから思考が停止する。思考が停止するから、全員が悪いことをしているという意識すら持たなくなってしまう。最近ではオリンパスなどが良い例だ。思考だけでなく意識も低下するのだ。思考停止、意識低下の日本人はボケッとプロ野球番組とグルメ番組、芸人のお笑い番組を見るだけになってしまった。

モーゼの言うユダヤ人たちの言動はいかにも不遜《ふそん》だ。何しろ、神である証拠を見せろ、じゃないと誰が信用するかと、神の存在を突き放している。日本で、お釈迦様や弁天様にこんな態度で接する人々の小話があるだろうか。

ユダヤでは、目に見えない神の存在までを「疑っていい」とされているのである。それほどに、**「疑問を持つ」ことは叡智の源泉になる**と理解されているのである。

「ノー」と「because《ビコーズ》」はセットで言え

さて、ここでディベートや議論の訓練にもなるので、思考力を深めたり言葉の鍛錬に有効なユダヤの格言を紹介しよう。

何にでもまず「ノー」と言え。先に「ノー」と言った場合は、その後何日経っても「イエス」に変更できる。先に「イエス」と言い、あとで、「ノー」と言われた

ら相手は怒るだろうが、「ノー」を「イエス」に変えるなら怒らないものである。「ノー」と言う時には必ず「because《ビコーズ》」をきちんと説明せねばならない。断る以上は相手を納得させる理由を言え。そして「イエス」と言ったなら、必ずすぐに実行せよ。

日本人は曖昧な表現が多く、相手の「なぜか?」にきちんと答えないことが多い。「検討します」と言っていても、いつまでも「イエス」を言わない。かといって「ノー」でもない。こんな交渉では相手の信頼を失わせるだけだ。

へそ曲がりのユダヤ人は何にでも「ノー」と言う民族だ。しかし、ただへそ曲がりで「ノー」と言いっ放しにするのではなく、「because」の持論を延々と展開する。

とりあえず「ノー」と言ってみるのは、「because」を言う練習をする機会を増やすことなので、あなたも実践してみてはどうだろうか。もちろん「イエス」と言ったときには、責任をもって行動に移す。自分が口にする「イエス」と「ノー」には、責任を持って態度で示す。それが言葉の文化の一番重要な点なのである。

キツネと葡《ぶ》萄《どう》畑

ある日、キツネが葡萄畑のそばを通りかかった。あまりに美味しそうな葡萄が垂れ下がっているので畑に入って取ろうとした。ところが、葡萄畑はしっかりと柵《さく》に囲まれていて、太ったキツネはその隙間《すきま》を通れない。そこでキツネは考えた。

『よし、それなら野うさぎを捕まえるのをやめて何日も空腹を我慢すれば、痩せて柵の隙間を通れるようになるに違いない』

キツネは餌を獲《と》る狩りをやめて自分の巣の中に何日もこもって、空腹をじっと我慢した。やっと柵の隙間を通れるぐらいに痩せてきたので、フラフラになりながら巣穴から出て、葡萄畑の柵をすり抜け、お目当ての葡萄にありついた。

その葡萄の美味なこと。あまりに美味しいので、ついついキツネは夢中になってもうこれ以上胃に入らないほど何房も食べ続けた。そして、生《な》っていた葡萄を全部食べ尽くしてしまった。

ハッと我に返ったキツネは、自分の腹が葡萄でパンパンに膨れ上がって、入ってきた柵を通り抜けられなくなってしまったことに気がついた。このままでは自分の巣穴に戻れない。そこでキツネは考えた。二つのオプションがあると。

オプションAは、苦しいけれど食べた葡萄を全部吐き出して胃袋を元のペシャンコに戻す。

オプションBは、猟師に見つかる危険を冒《おか》して柵の中にとどまり、葡萄の木の間に身を隠して、入ったときと同じように痩せるまで待つ。

さて、キツネはどちらを選択したのだろうか？

何でも自分でやろうとすると危険がいっぱい

――「サブコントラクト」と「ブラックボックス」

日本人の選びがちな「一《いち》か八《ばち》か」の答え

冒頭で少し紹介したが、この小話も、ユダヤの母親が子どもに語って聞かせる話だ。キツネの取った行動を子どもに判断させ、その答えについて「WHY」と理由を尋ねる。

さて、あなたならAとBのどちらを選択するだろうか。これは私の予想だが、日本人は八〇％がオプションBを取るような気がする。日本人は一度手にしたものを手放すのは苦手なので、オプションAを躊躇《ちゆうちよ》なく選ぶ人は少ないと思う。しかし、Aを選択すれば、猟師に見つかるリスクはない代わりに、せっかく食べた美味い葡萄をすべて吐き出さなければならず、得るものはない。巣穴で我慢して痩せた努力が水の泡になってしまう。

だったら「伸《の》るか反《そ》るか」「一か八か」、猟師に見つかるリスクは冒しても、成果を得るほうに賭けてみる、という考え方がオプションBである。こちらのほうが潔い、男らしいと考える人も日本人には多そうだ。

ではユダヤ人の母親は、子どもがどちらと答えたら正解と言うだろうか。おそらくAと答えてもBと答えても首を横に振るはずである。AもBも取らない。全部吐き出したのでは何日も空腹を我慢した甲斐《かい》がないし、柵の中にとどまるのでは命の危険があってリスクが大きすぎる。それでは葡萄を最初からあきらめるのかといえば、そうではない。

ユダヤ人は行動に移る前にリスクを分析する。リスク・コントロールはユダヤ人の習性なのである。リスク・コントロールとは、リスクと成果が均衡する点を探すことであるが、大多数のユダヤ人は「最小リスクの最小成果」を選ぶ。一回のチャレンジでは僅《わず》かな成果でいいので、リスクが少ないほうがいいと考えるからだ。少しの成果を得られれば、再チャレンジの機会は必ず巡って来る。そう考えて欲張らずに次のチャンスを待つ。これを繰り返せば成果は積み重なって大きくなっていく。一か八かは「最大リスクの最大成果」を狙うやり方で最も反ユダヤ的だ。

最小リスクで最適効果を選べ

ユダヤの母親は、AでもBでもなく、子どもがいかに「最小リスク」で「最適効果」のCやDの答えを導き出せるかを教えるのである。ユダヤの子どもたちの一番多い答えは「いつでも柵の隙間から出られるように、胃袋が満杯になるまで食べない」「何日もかけて少しずつ食べる」だろう。日本にも「腹八分目」という考え方があるが、この場合はもっと慎ましく「腹三分目」くらいで我慢する感じだろうか。

こうしたリスク・コントロールの考え方は、お金に関しても同様である。第一章に、私はユダヤ人は決して強欲ではないと書いたが、このキツネのように「（たらふく食べて）大きく儲けよう」とすると、必ず大きなリスクが待っているとユダヤ人は知っている。だから強欲にならないよう、戒律に従い、常に慎ましい生活を続けているのである。
　しかし、この話の答えはいく通りもある。子どもたちは最小リスクの最適効果（最大効果ではない）を生む方法を頭の中で必死に考える。キツネが自分では柵の中に入らず、リスやネズミなど他の小動物に取ってきてもらうとしたらどうだろうか。この方法なら猟師に見つかる危険、逃げ出せなくなる危険も回避できる。その代わり取ってきた葡萄を分け与える。ビジネスで言えば、他人と共同して事業を行うジョイント・ベンチャーやアウトソーシングを含めた「サブコントラクト化」だ。ポイントをついた答えである。

参入障壁を高くすることまで考えよ

　だが、ユダヤ人の母親はこんなところでとどまらない。「リスに頼んで取りに行ってもらう」と答えた子どもに、さらに突っ込んだ質問をするだろう。
母「他のキツネも同じようにリスに頼んだら競争になるけどどうする？」
子ども「じゃあ、地上のリスじゃなくて、空から柵の中の葡萄を取って来られる鳥に頼む」
母「空を飛ぶ鳥に、どうやって頼みごとをするんだい？」
子ども「空から良く見えるように地面に大きなチェス盤みたいな模様を描いて、そこに鳥の好きな木の実を置いといたら、来てくれるんじゃないかな」

母「いい考えだね。なかなかそこまで思いつかないよ。でもお前、他のキツネがそれを見て真似したらどうする？　鳥はそっちに行っちゃうかもしれないよ」

子ども「鳥さんが来てくれた時に、『葡萄を取って来てくれたら、次にはもっと美味しい木の実を、もっとたくさん置いてあげるよ。ただし、地面に描くのは別の模様にするよ。どんな模様にするかは、君が葡萄を取って来てくれた時に、こっそり教えてあげる』と言うよ」

ここではじめて母親はにっこり笑って、子どもをほめるのである。

もうおわかりだろう。リスに頼むのは、サブコントラクト化というビジネスモデル、他のキツネの参入は「競合」ということだ。そして他のキツネに横取りされないように、どうやって参入障壁を高くするかを考えさせ、「どんな模様にするかはわからないようにする」ところまでたどり着かせる。すなわち、ブラックボックス化である。これで参入障壁はもの凄く高くなる。

インテルに学ぶリスク・コントロール

例えばアンディ・グローブのインテルは、コンピュータの記憶チップを作っていたが、ある時一気にメモリー事業から撤退した。そして全く新しいCPU事業に乗り出し、成功をおさめたのだ。半導体のメモリー事業から撤退したことはキツネが自分で柵に入らないこと（そんなことは日本企業にでもやらせておき）の決断であった。そしてCPU事業に特化して空の鳥（世界中のコンピューターメーカー）に頼むシステムを作り、次から次へとブラックボックス化された高性能のCPUを出して、世界のコンピューターメーカーはインテルの信号（すなわち右の会話の、地面に描く別の模様）を拾う部品を製造せざるを得ないようになってしまったというわけだ。

「Intel Inside」というのはインテルのマーケティング戦略で、あの聞き慣れた「パ、パパパン」という世界共通のサウンドロゴとともに表現される。まさに「インテル、入ってる」で、今やすべてのパソコンにはインテルの作ったCPUが入っている。アップルの、Macにすらインテルが入っている。

このCPUから出される電子命令に従ってパソコンが動いているために、パソコンの部品はすべてインテルの仕様書に従って作られなければ稼動《かどう》しない。ということは、すべてをインテルが支配していると言っても過言ではない。

日本企業は何でも自分の会社で抱え込む「内製化」が得意だが、それは自分で柵の中に入るキツネと同じで、たらふく食べられるかもしれないが、致命的な損失を被るリスクがある。

ユダヤ人ならまずそうしたリスクは冒さない。徹底的にリサーチをし、コツコツと「最小リスク最小成果」でビジネスに臨むからだ。「一発当てる」という強欲な発想が無いからこそ、状況を冷静に判断し、引き時を計算できるとも言える。

そして、「想定外」のトラブルが起きたときも、パニックにならず最小のリスクで乗り切れる。こうした思考法を子どものときから鍛錬して身につけているのである。

この「リスク・コントロール」と「リスク分散」は、ユダヤ民族の聖典タルムードの教えでもあるが、現代のビジネス・スクールのケースブックとして使われてもいいほど示唆と教訓に富む。

用心しすぎたアラブの商人

ある時、アラブの若者が商人として初めて砂漠の横断の旅に出た。途中で砂嵐があると何日も足止めをされるので、用心のために三日の行程に必要な水三樽《たる》の倍の六樽を持って行くことにした。しかし一頭のラクダでは六樽の水は運べない。そこで六樽の水を運ぶために、都合《つごう》二頭のラクダを買った。ラクダは目的地に着いて売ればいいと考えた。

ところが砂嵐はなかったものの、途中で樽の重さにラクダがへばり、まったく歩けなくなってしまった。やむを得ず若者はラクダを二頭とも捨て、一番重要な積荷だけ背中に背負って歩くことにした。

ところがである。半日も歩かないうちに、砂嵐が襲ってきて、まったく方向がわからなくなってしまった。そこでその場に留まり、砂嵐が収まるのを待つことにした。

しかし、砂嵐は三日三晩続き、食料も尽きてしまった。四日目の朝、ようやく砂嵐は収まったが、若者には積荷を背負って歩く力は残されていなかった。

もはや選択の余地はない。若者は荷物を捨て、かろうじて水筒のみを腰に下げ、命からがら近くの村にたどり着いた。
彼は、ラクダ二頭も、大切な積荷も、すべて失った。

過剰な用心は良い結果を生まない——「心配」ではなく「適正判断」をせよ

用心の「適正」を考えよ

この説話もリスク・コントロールの話だ。ここでは、何を伝えようとしているのか？「たらふく食べたキツネ」では、ユダヤ人は「最小リスク」で「着実な成果」を狙うという話をしたが、この小話はそこにさらに新たな教訓を加える。過剰な用心がさらに過重な用心を呼び、逆に危険だと教えるのである。

こんなこともあり得る、あんなこともあり得るだろうと過剰に心配しすぎるのは、日本人にもありがちなことだ。新しいビジネスに踏み切るときは、起こり得るトラブルはできるだけ未然に防ぎたい。しかし、この小話は、最悪の事態を悲観的に考えすぎると、かえって結果達成の妨げになる、と教えている。

ならば、何の用心も対策もせず、出たとこ勝負で打って出ればいいのか。それはだめだ。

事実、このアラブの若者に砂嵐は襲いかかったし、ラクダなしでは荷物も十分は運べなかった。しかし、水を六樽もラクダに運ばせたのは負担が大きすぎたのではないか。過剰な用心も過剰な楽観も、決して良い結果は生まない。

では、アラブの若者はどんな対策を立てればよかったのか？　その答えは小話の中にはない。あなたならどうしたか。ユダヤ人はその適正判断をするために、頭をフル回転させる。「心配」ではなく、考えるのだ。リスクを計算するのだ。心配や不安から物事を判断すると、どうしても取り越し苦労が多くなる。過剰な用心でなかなか前へ進めないということもある。

ユダヤ人はどうやってその適正を見つけるか、次の小話にヒントがある。

難破船の三人の乗客

ある時、帆船が嵐に遭って難破した。流れ着いたのは、フルーツのたわわに実る島であった。船はその島で修理を済ませてから出航することになった。乗客は三人いた。

一人の乗客は、いつ修理が終わって船が出てしまうかわからないので、取り残されたら大変だと、船から降りなかった。嵐に遭い、何日も空腹だったが、船が出てしまう心配のほうが先にたち、それは我慢することにした。

もう一人の乗客は、島に降りたが、船が見える範囲内でフルーツを食べ、船の修理が終わる様子を見て、急いで船に戻って来た。たらふくは食べられなかったが、なんとか空腹を満たし、フルーツで水分補給もできた。

もう一人の乗客は、そんな簡単には船の修理はできないと思い、島の中まで入ってフルーツをたらふく食べた。船は見えなかったが、まだ大丈夫と次から次へとフルーツを食べた。お腹いっぱいになって戻って来たら、船は出港した後で、島に取り残されてしまった。

まったく船を降りなかった乗客は、その後の航海に耐え切れず死んでしまった。島に残された乗客も、無人島から脱出できず、そこで一生を終わった。

適正なリスク計算——冷静に計算できる人間が生き残る

リスクを「大・中・小」に分類して対処

物事にはリスクは付きものだ。船が出るのを心配しすぎた乗客も、楽観的に考えすぎた乗客も、結局不幸な結果を招いてしまった。空腹のリスク、取り残されるリスク、両方のリスクを計算し、正確な状況判断をした乗客だけが助かった。

リスクを伴うプロジェクトに乗り出すときは、あまり慎重になりすぎても結果は出ないし、あまり大胆になりすぎても失敗する。ではどこが適正かを知るには、船の見える位置で少しだけフルーツを食べた乗客のように、素早くリスクを計算して考える鍛錬を積むしかない。柔軟に頭を使えば、選択肢はいくつも思い浮かぶはずだ。AかBかだけでなく、CもDもEもある。その中でどれが一番リスクが小さいか、そして最低限でも何らかの成果を得られるだろうかと、考えを巡らす。

日本のことわざに「石橋を叩いて渡る」「ころばぬ先の杖」「念には念を入れる」というものもある。慎重な上にも慎重にと教えているのだが、これらのことわざは、どこまでの事前準備をすれば、どこまでの成果が得られるのかという、成果との関係を伝えていない。ユダヤの説話や格言は、どれも成果を得る具体的な対処策を提示する。石橋は崩れないのだから叩く必要はないのだ。とすると必要なことは、その橋は腐った木製なのか丈夫な石なのか調査することだ。

ユダヤ人は、頭の中でどう考えてリスクを計算するのか?

日本では大きな困難に直面しそうな時は、「なに大丈夫、山より大きな猪《いのしし》は出ない」という言い方で、不安を和らげようとする。しかし、現実には山ほどではなくても、それこそ想定外の大猪が飛び出してくるかもしれない。そうなれば当然パニックを起こすだろう。

ユダヤでは、最初からいたずらに心配したり不安になるのは損だと考え、**「猪は必ず飛**

び出してくる」と事前予想を立てておく。そして調査隊を出す。ヘブライ聖書には、モーゼがカナンの地に入る前に調査隊を出した記述があり、正確な事前調査と情報分析の必要性を教えている。さらに、猪の大きさを大・中・小の三種類に分け、それぞれの対策を講じ、「大」の猪が出てきた時は、素早く撤退する。もちろん逃げるルートも事前に打ち合わせしておくだろう。

ユダヤ人は常に「分散」「損切り」を実行する

財産三分法という資産管理の方法がある。現代では、不動産、株式、債券の三種類の違った金融商品に投資する方法を言うが、その発祥は古代ユダヤにある。現金、不動産、そして貴金属や装飾品など、別の種類の資産に分散投資することで、全体の資産の変動リスクを減らそうという考えである。

インドに住んでいるユダヤ人の友人は、宝石の取引で蓄えたお金を「投資三分法」で運用している。三分の一は金などの商品で、三分の一はアメリカやドイツの国債や超優良社債で、そして残りの三分の一を株式で持っている。その株もさらに三種類に分け、三分の一はＩＢＭやグーグルなど欧米の安定優良株、三分の一はやはり欧米の成長企業株、そして残りの三分の一を中国、ブラジル、インドといった新興国のハイリスク・ハイリターン株に投資している。

つまり、全財産の九分の八はリスクの小さい運用法で安全に管理し、九分の一だけハイリスク株に投資している計算になる。リスクが高い分、上がった場合は儲けも大きいが、いくら儲かったとしても彼は決してその配分を変えようとはしなかった。

さらに、損切りラインを「二分の一」と決めていた。リーマンショックで世界同時株安が起こったときも、二分の一の損が出た瞬間に即座に売り逃げたという。

経済が活況で景気がいい時に、しっかりお金の手綱《たづな》を引き締めておくのは難しいし、強い意志力がいる。まして、損が出た時にどの時点で撤退するかを判断するのは、非常に難しいものだ。「まだ大丈夫、巻き返せる」と売り時を逸《いっ》して莫大な損をし、下がったままの株がいまだに塩漬けになっている、という人がたくさんいるのではないだろうか。

プロの投資家は、分散投資を徹底し、その上で損切りルールをあらかじめ決めておく。大猪に殺されてしまったら元も子もない。撤退のルールは事前に考えておくことが絶対必要だ。ユダヤ人であれば、分散、損切りは常識なのである。

日本の企業はどうだろうか。何かを決めるのに会議だの稟議《りんぎ》だのと、組織の意思決定が遅いので、素早い撤退は苦手なようだ。ぐずぐず様子を見ているうちに、なかなか手仕舞《てじま》いができずに損害をこうむることが多いのではないか。リスクのある事業や投資にゴーサインを出した人が社長だと、撤退しないと会社がヤバイと思っていても、誰も撤退の提案を役員会に出そうとしない。会社のことより自分の身が大事なのだ。そして一度出た損失を今度は隠そうとまでする。たらふく食べたキツネが柵の中で隠れているのと同じだ。こうしてどんどんと損失の深みにはまっていき、リスクが増大する。損切りの判断ができないからだ。

とはいえ、すべてのユダヤ人が賢明な判断ができるとも言えない。破綻したリーマン・ブラザーズの創業者はユダヤ系であった。ハイリスクの「サブプライム・ローン」に集中投資したために大やけどを負い、破綻の憂《う》き目《め》に遭った。ユダヤ人としての投資の原則を忘れてしまったのだろう。そんな時、神はいとも簡単に富を没収してしまうのである。その一方において、ユダヤ人は成功者を次々とシリコンバレーから出している。グーグルのラリー・ページ、フェイスブックのマーク・ザッカーバーグだ。

明日に種を蒔《ま》け

明日に種を蒔け。夕べにも手を休めてはならない。
それとこれ、どちらの種の芽が出るのか、
あるいは双方等しく種の芽が出るのか、お前にはわからないのだから。
（コーヘレト書第一一章六節）

企画・立案ができる人材養成を——売れる商品にはダイバーシティが必要

リスク分散とダイバーシティ

ユダヤ人は常に明日芽吹くかもしれない種を蒔き続けている。どれが実を結ぶかはわからないが、種は蒔かなければ実らない。ビジネスで言う種とは、企画であり、アイデア、立案である。企業の活動において、一番儲かるのが企画・立案、そしてハードに関わるコンテンツの販売である。たとえば、アップルのiTunesのビジネスはこの「コンテンツの販売」である。

アップル社のアップストアにはiPad専用のアプリが二〇万本以上もあるという。二〇一一年の段階では六万五〇〇〇本だったものが一年間に三倍も増えたことになる。この本を書いている二〇一二年三月の時点で、アップストアのアプリ数は五八万。総ダウンロード数は二五〇億本を突破した。世界中からアプリが提供され、世界中の人間が二四時間クリックする。一利用者の料金は低価格でも、世界中が時間を問わずクリックするのだから、巨大な利益を生むことになる。アップル社はユダヤ系企業とは言えないが、このシステムは、実にユダヤ的なのである。

ところが日本企業はこの企画・立案とハードに関わるコンテンツの販売が極めて下手だ。エレクトロニクス分野における付加価値構造を表す「スマイル曲線」というものがある。価値連鎖の真ん中に位置する「製造」と「組立」の付加価値が最も小さく、両端の「企画・立案」と「販売・アフター」が最も大きくなり、その放物線状に広がった曲線が、人が笑った時の口の形に見えることから「スマイル曲線」と呼ばれる。つまり、上流に位置する企画・立案と、下流に位置する製品やコンテンツの販売では高い利益率を上げることができるが、中流の製造や組み立て部分は儲からないということだ。アップル、グーグル、インテルなど、大きな利益を上げている企業は、世界で通用する企画・立案やコンテンツ販売のデバイスやシステムをしっかり持っている。

しかし、日本企業はこの企画やコンテンツの販売が苦手なので、しょうことなしに製造だけをやっているのである。物作り日本国家などと聞こえは良いが、実は物作りしかできないのである。

企業活動と販売先がワールドワイドになればなるほど、企画・立案を担当する者のダイバーシティが必要となる。ダイバーシティとは、市場の要求の多様化に応じ、企業側も人種、性別、年齢、信仰などにこだわらずに、多様な人材を活かし、最大限の能力を発揮させようという考え方のことである。

ユダヤ教徒もいればイスラム教徒もいる。仏教徒もいればヒンズー教徒もいる。男もいれば女もいる。あらゆる人種、全く違った家庭環境、国、歴史を持った人間がこの地球にいるのであるから、それを前提としてそういう人が企画・立案をしなければ世界で売れる商品にはならない。日本の携帯電話システムがアップルとアンドロイドに負けたのはこういう理由だ。

日本企業には特に企画・立案部門にこのようなダイバーシティが全くない。皆、日本の大学を出た日本人男子社員ばかりで企画・立案しているのではないか？

あまり物作り、物作りと言っていると、一番金の儲かる企画・立案の人材が育たない。その結果、競合者を招きやすい物作りのところで勝負しようとして、結局は競合者との値下げ競争に突入してしまい、最近の家電業界のように何千億という赤字を計上する羽目になる。

日本人よ、もうそろそろ物作り信仰から卒業して、コーヘレト書にあるように明日の世界に通用する種を自らの手で蒔くべき時だ。

では、どこにどんな種を蒔けばいいのか。それを見極めるには、次の説話のユダヤ式プラットホームの作り方が参考になるはずである。

二人の乞食

中世のあるときに、二人のユダヤ人の乞食が、キリスト教王国フランスにやって来た。二人は生き延びていくために、お金を集めようと考えた。

一人はユダヤ教の象徴のダビデの星を置いて、道端《みちばた》で恵みを乞《こ》うた。もう一人は、十字架を布の上に置いて、道行く人に恵みを乞うた。

当時のフランスは、キリスト教徒が圧倒的に多かったので、当然十字架を置いた方に多くの硬貨が投げられた。

十字架の方のユダヤ人にお金が貯まると、物陰でそのコインをダビデの星を置いているもう一人のユダヤ人に渡した。ダビデの星の方に硬貨が山と積まれ、十字架の方にはまったくないという状況をわざと作ったのだ。

たまたま通りかかったキリスト教の神父が、十字架の方の布には全く硬貨がないのに、ダビデの星には山ほど硬貨があるのを見て、「これは、キリスト教徒の乞食の方よ、おかわいそうに。キリスト教の神父である私がユダヤ人に負けないくらいにお金をお恵みさせていただきます」と言って、何枚ものコインを十字架の方の布に置いていった。
こうしたことを何日も繰り返して、二人は商売を始める元手《もとで》を稼ぐことができた。

人とお金を動かす「仕組み」を作る

――プラットホーム作りは人の心理を読んで動け

お金を生み出す「プラットホーム」作りを

これは、「乞食のお金の稼ぎ方」というユダヤの説話で、多くの人が乞食の前で足を止めてチャリンチャリンとお金を落とし続ける「プラットホーム」の作り方を教えている。

彼らがただ並んで物乞いをしているだけであったら、その日の飢えをしのぐくらいのお金しかもらえなかっただろう。しかし、彼らは人々の心理を読み、どうすれば人が動くかを計算した。ユダヤ教の若者だけにお金が集まるのをキリスト教徒の人々が見過ごすわけがないと考え、ダビデの星を置いたほうにお金を積むという演出をしたのである。見事、作戦勝ちである。彼らは、人が動かざるを得ない「仕組み」を考え出し、継続的にお金を稼ぎ出すことに成功したのだ。

経済用語でいう「プラットホーム」とは、他の産業の基盤になるような業種、仕組みのことである。ユダヤ人の歴史を振り返ると、彼らは物事の根源を押さえる、プラットホーム的なビジネスに多く携わってきた。銀行、証券といった金融業はお金の流れを押さえる基盤、根源となるものだし、物流業は物の流れを押さえるものだ。

十九世紀から鉱山を押さえている金融資本にはユダヤ系が多く（デビアス、グッゲンハイムなど）、ダイアモンド、金などの鉱物ビジネスの業界にはユダヤ人が多く働いている。

プラットホームという「仕組み」の典型例が、ダイアモンドのカット方法と研磨術である。ダイアモンドは原石のままだとただの半透明な石である。これに研磨とカットを加えると何万倍もの価値のある宝石の輝きを放つようになる。世界中の多くの人がチャリンチャリンとお金を落としていくプラットホームである。このビジネスは、アントワープのユダヤ人の独壇場なのだ。また、現在レアメタルの需要が高まり、世界で争奪戦が始まっているが、いち早くその根っこの部分を押さえたのはユダヤ人であったのだ。

金、銀、宝石などに対する人々の執着、その心理と行動を冷静に読んでいたからこそ、早くから鉱山への投資に乗り出したのだろう。ユダヤ人のことをJewと言う。宝飾品のことをjewelry、宝石のことをjewelと言うのは、偶然にしてはできすぎな一致ではないか。

努力を成果に結びつける

日本人は、この説話にあるようなお金の稼ぎ方を嫌うかもしれない。また、お金は額《ひたい》に汗して稼ぐものだという道徳観から、たかが石を磨いただけで何万倍もの利益を取るようなやり方はフェアじゃないと否定するかもしれない。あくまで企業は、商品の安さと性能で競うべきだと、良い商品の開発にエネルギーを注ぐ。もちろんそうした努力も大事だが、それればかりでは競合者がいくらでも参入し、企業も人も疲弊してしまう。

ユダヤ人は、そうした消耗戦をできるだけ回避しようとする。そのために商売の根源のルールや物資、道具、ノウハウを押さえるといってもいい。そして独自の仕組みを作り、競争に巻き込まれない環境を作り、ノウハウをブラックボックス化、トレードシークレット化し、人には教えないのである。これがプラットホーム作りである。この仕組みが機能するように作り上げるのは大変だが、でき上がれば大きな利益を生み続けるという大きなメリットがある。

レアメタルの産出国では中国が世界でトップだが、今、中国がこの「プラットホーム」作りに意欲を見せている。中国返還時に香港で事業を展開していたユダヤ資本に対しても、柔軟にコントロールして、国益を損なうようなことはしなかった。彼らが、中国のプラットホーム作りに重要な役割をすると見込んでいたからだろう。

今ユダヤ人が熱心に取り組んでいるプラットホーム作りは、無料超高速ワイヤレス・ブロードバンドである。これは外出先でもサクサク無料で検索できる、超高速Wi-Fi＝公衆無線LANスポットのことだ。今まで無料で使えるWi-Fi　ホットスポットは、スターバックスや特定レストランの店内、あるいはホテル内と限られていた。それもスピードは速くなかった。ユダヤ人の投資家は、この無料のホットスポットを広域化する仕組みやテクノロジーに大きな関心を寄せ、今必死にビジネスに持っていこうとしているのだ。アメリカでは、AT&T社やスプリント社が東海岸で始めた4Gがその先ぶれだ。

さらに最近、アメリカ海軍とアメリカ企業が中心となって開発した3Gネットワークが話題となっている。MUOSという巨大な人工衛星をトータルで八個打ち上げ、それによって地球上のどこでもルータなしで高速Wi-Fiを利用することができるようにしようという計画だ。これから4G、5Gへと発展していくはずだ。最初の衛星は、すでに打ち上げられた。いずれMUOSも民間企業が利用するようになるだろう。

スカイプもグーグルも一般の利用者は無料だ。無料で使えるとなれば人が集まる。人が集まれば膨大な個人情報が集まり、それを駆使して広告収入や一部有料サービスからの収入もアップする。要は一見矛盾する「無料にしていかに稼ぐか」というプラットホーム作りが肝心なのだ。超高速広域無料Wi-Fiに関わる事業は、一〇年後二〇年後にはそれをもっと大きく包み込む最大のインフラ・ストラクチャーだと、彼らは見込んでいる。私もその読みは当たっていると思う。このプラットホームの基盤ができれば、各国の携帯はブロードバンド・ゾーン内の、どこでも無料で使えるようになり、契約した電話会社の電波しか拾わないようにロックされた今の携帯は全く意味をなさなくなる。

iPadやiPhoneから電話会社や携帯を通さずにいくらでも誰にでも通話できるようになれば、電話用の電波有料化はもはやできなくなる。AppleのFacetimeやSkypeがその先駆けだ。今やスカイプ・ネームのほうが電話番号より重要になってきた。いずれ電話番号というものも死滅するだろう。無料の広域超高速Wi-Fiを提供する企業は、世界中のユーザーを取り込んだ大変なビジネスチャンスをものにすることになる。固定電話が今やアンティーク品になったように、一〇年後にはロックされた携帯電話はアンティーク品になっている。

ユダヤ人は、不況だからといって必要以上に手控えたり、あきらめたりはしない。この大不況のときこそチャンスだと、こうした新規事業の開拓に余念がないのである。

お金を稼ぐために努力をすることは必要だ。しかし、その努力が成果に結びつかなければ、ただ消耗するばかりだ。ただやみくもに働くばかりでなく、人の心理や行動を観察して、どうしたらその効率が上がるか、考えてみてはどうだろうか。

誰かが考えた仕組みに乗るのではなく、あなたがその「仕組み」を考え出すのである。サービスを無料にしていかに稼ぐかという、一見矛盾するビジネス・モデルを考えることは、iTunes、フェイスブック、LinkedIn、ドロップボックス、エバーノートなどがそのヒントになるが、勤勉でまっすぐ思考の日本人が最も苦手な思考法であると思う。しかし、あらゆることに「なぜか?」と疑問を持ち、問題点を見つけ出すユダヤ式思考法と組織のダイバーシティを身につければ、世界を変えるような仕組みのアイデアが生まれるかもしれない。

何でも疑問を持ち、考え続ける。これがビジネス成功の大原則である。

ユダヤ人の黒い瞳

「なぜユダヤ人の瞳は黒いのか」

「それはユダヤ人がいつも暗いところにいて、明るいところを見ているからだ」

「なぜユダヤ人の瞳は黒いのか」

「それは神が、ユダヤ人が明るいところばかりを見て、楽観主義、享楽《きょうらく》主義にならないようにしているからだ」

「なぜユダヤ人の目は中心が黒くてその周りは白いのか？」

「それは世界を暗い面から見たほうが物事が良く見えるからだ」

好調な時こそ、苦境への準備をせよ

――時に全部捨てる「レハレハ」の勇気を

良い時に悪いことを考える

一章の「七匹の太った牛と痩せた牛」の話で、「好況の後には不況が必ず来る」、常に物事は良ければ悪くなるものだから、その準備を怠ってはいけないという教訓を述べた。ここに紹介したのも、そうした考えを端的《たんてき》に表したユダヤのジョークだ。

良い時に悪くなることを考え、その時のために準備をする。日本はそのユダヤの教えとほぼ逆をやってきた。八〇年代末のバブル景気に浮かれていた頃、個人は不動産やら貴金属やらの高額消費に走り、政府はあちこちに道路やダムを作って、地方には「ふるさと創生事業」として、一億円ずつのばら撒き財政を実施した。使い道のわからない市町村では、銅像を建てたり、誰も使わない公共の箱物作りに精を出し、愚かしい大金の使い方をした。

好況な時に、しっかり財政を引き締めて蓄えを作っておけば、ここまで借金大国にならずに済んだのである。

ビジネスの世界でも全く同じことが言える。物事がうまくいっている時にこそ、悪化することを前提に対策を立て、実行していくことが必要なのだ。最近わかったことだが、日本の電力会社は原発のある地方の市町村に銅像を建てたり、誰も使わない豪華イベントホールを作ったりして利益を垂れ流していた。そして原発事故が起きると金がないと言って電気料金を値上げしようとする。好況の時に全く備えをしていないのは、電力会社も国も日本中の企業がそうだった。

過信は禁物である。ビジネスがうまくいっている時は、人は自分に能力があるからだと考えがちだが、それは大きな間違いだ。好調なのは、ただ時代の巡り合わせ（神の気まぐれ）がそうなっているだけで、本人の力など大して寄与していないのだ。

しかし、事業が好調な時に、方向転換をしたり、苦境に立った時の準備を始めるのは、神の気まぐれではなくまさにその人間の能力と言える。時代の波を読んで、適切な対応ができる人こそが、本当の能力の持ち主なのである。

「レハレハ」にする勇気

うまくいっている時こそ別の道を模索せよという、ユダヤの考え方に接するたびに私が思い浮かべるのは、やはりインテルのアンディ・グローブだ。彼はまさに二一世紀のウィズダムを金に換えたユダヤ人である。

前にも述べたように、創業当初のインテルは、DRAMなどの記憶チップを作っていた。そのうちチップメーカー同士の競争が激しくなり、日本の東芝、日立、NECなども参入してきた。

そこでアンディ・グローブは、ユダヤ的発想で考えた。果たしてこのままでいいのだろうかと。インテルはこのまま日本との競争の中でやっていく道を取るのか。チップメーカーとして企業が存続することは正しい道なのかと。

そして、彼はついに考えを定めたのだと思う。「レハレハ」だと。

ヘブライ聖書によれば、ユダヤ人の始祖であるアブラハムは、ある時、「レハレハ」（すべてを捨てて新しい土地へ行け）」と、神から告げられた。父の土地を捨て、親から引き継いだ豊かな生活を捨て、全く新しい土地に行き、もう一度ゼロから始めなさい、と。同じところにとどまるのではなく、自分の場所を離れて、新たにすべてを始めることを神はアブラハムに命令したのである。

「レハレハ」そのものは、「レッツ・ゴー」という意味だが、神の本意は「Let's go with everything left.」ということ。つまり「財産も土地も捨てて、身一つで新しいところへ行け」と神は言ったわけだ。

いくら同業者が参入してきたとはいえ、インテルはチップメーカーとしてはトップを走り利益を上げていた。しかし、その事業からアンディはあっさり撤退《てったい》してしまうのである。利益を上げている頂点で撤退の道を選んだ。この選択はまさに「レハレハ」だ。

次に新しい土地で我々は何をやるべきか？　ゼロから始めるとしたら何をやるべきか？彼の頭の中にはもうすでに新しい事業の構想があった。次はＣＰＵだと。中央演算装置というパソコンの頭脳の中枢《ちゆうすう》になるものを作ろうと決めた。そしてそれを実践し、世界の覇者に躍り出たわけである。

ゼロに戻ったときこそがチャンス

儲かっているチップ事業から鮮やかに撤退し、新しいＣＰＵ事業に飛び込んだアンディ・グローブこそ、「レハレハ」を実践したアブラハムなのだ。

ビジネスに関して言えば、いい時に撤退することは、頭で考えてもなかなかできることではない。しかし、少しかげりが見えてきてからでは遅いのである。好調なときであればこそ、新規事業の準備が万全にできる。

アンディ・グローブのすごさは、すべて捨て去ったら自分は何をやるべきかを、ゼロから考え直したことにある。自分をまっさらの白紙に戻して考えた。チップで入ってくる儲けが少しでも頭を掠《かす》めていたら、世界を席巻《せっけん》するこの発想はなかったと思う。

アンディは自らの意思で「レハレハ」を選んで成功したけれど、神は気まぐれで人が思いもよらぬ時に「レハレハ」の試練を与えることがある。会社が突然親会社の巻き添えを食らって破産したり、ある日突然リストラに遭うということもそうだろう。大震災もそうだ。

私にも若い頃そうした試練が訪れた。弁護士生命が危ういかもしれないという苦境に立たされ、本当に苦しい思いをした。後になって、この「レハレハ」という言葉に出会い、ああ、あの時がそうだったんだと、すとんと胸に落ちた。あのとき妻が、「日本で弁護士を続けることにこだわらずアメリカに行って新しい生活を始めましょうよ」と言ってくれたのはまさに「レハレハ」の勧めであった。

私の友人に日本で大成功した有名な青年実業家がいるが、彼も「レハレハ」を実行した。東京の生活と事業のすべてをピークの時に捨ててアメリカに身一つでいきなり移住した。彼の妻は英語ができなかったが、子ども五人を連れて夫に従った。今ではアメリカでの生活を一家で大変エンジョイしている。アメリカで新しい道を夫が見つけたのだ。もう一人別の友人も、ヘッジファンドの事業を東京の神谷町でやっていたが、二〇一一年の震災と原発事故を契機に一家でシンガポールに移住してしまった。

この「レハレハ」という言葉は、実際に別の新しい場所へ行けということではなく、自分自身の内面に深く入って、全く知らなかった新しい自分を見つけなさいということなのである。なんと示唆に富んだ言葉だろう。

つまり、**ゼロに戻った時こそ、新たな自分に出会えるチャンス**だということだ。そう、黒い瞳は明るいほうを見るためにあるのである。

あるラバイの最悪で最良の災難

あるラバイが旅をしていた。ラバイは犬と羊を連れ、聖書を読むためのランプを持っていた。一日歩き続け、陽もとっぷり暮れたので、ラバイはその夜泊まる場所を探した。ほどなく粗末な納屋を見つけて、そこで寝ることにした。

しかし、まだ寝るには早いので、ランプをともして聖書を読むことにした。すると、まだ残っていると思っていたランプのオイルが切れて、灯りがふっと消えてしまった。ラバイはしかたなく早めに寝ることにした。

その夜は本当に悪いことが重なった。連れていた犬が毒虫に咬まれて死んでしまった。次にオオカミが来て、羊も殺して食べてしまった。

朝になって、ラバイは空腹のまま出発した。乳をくれていた頼りの羊ももういない。少し歩いて、ある村の近くに来ると、ラバイは異様な気配に気づいた。人影がまったくない。よく見ると、あちこちで村人が惨殺されていた。前の晩に盗賊がやってきて村を襲い、村人たちを皆殺しにして、金品を奪っていったことを知った。

彼は恐ろしさに打ち震えながら思った。もしランプが消えていなければ、彼も盗賊に見つかっていたはずだ。犬が生きていたら、キャンキャン吠えて、やはり見つかっていただろう。羊も騒いで音を立てたに違いない。

すべてを失っていたからこそ、自分は助かったのだと。そこでラバイは深く悟った。

「どんなに災難が降りかかろうと、人は希望を見失ってはいけない。最悪なことが最良のことだと、信じなければいけない」

最悪の事態はそれよりもっと悪いことから救ってくれることかもしれない

物事には人知ではうかがうことのできない面がある

この説話も「黒い瞳」と同様、悪いことが重なっているように見えても、人知の及ばないところでもっと悪い事態から救われているかもしれないというユダヤの教えである。

このことはもちろんビジネスにも当てはまる。何かトラブルが起きるたびに「大変だ」と、パニックを起こしていたのでは、ストレスがたまるだけでなく、物事の本質さえ見えなくなってしまう。第一仕事が楽しくない。

ユダヤ人は仕事でトラブルがあっても、もっと悪いことの防波堤だと考える。いたずらにパニックにならずに、そこに新しいビジネスチャンスがあるかもしれないと考えを巡らすのだ。

ユダヤ人は、**世界で不幸な出来事が起こるのを最初に感じ取り、世界で幸福なことが起こるのを最後に味わう**民族だとよく言われる。

この表現は、ユダヤ人が常に人と別な見方をすることから来ている。良い時は悪い時に備え決して浮かれず、悪いときは落ち込むことなく、神が最悪の出来事を防いでくれた結果であると前向きに考える。

過酷な体験が成功を導く

日本では、不況のせいで経営が立ち行かなくなり、中小企業の経営者や自営業の主人が自殺することが多い。若者の自殺も年々増えている。数年来、日本では三万人を超える自殺者が続いている。先進国の中では群を抜いて多い。

ユダヤでは自殺は、神に対する反抗、反撃であると見なされる。

「自分の命なのだから、どうしようと勝手だ」という発想は最高に反ユダヤ的であり、敵前逃亡に等しい。

命は神により与えられた以上、神のみが奪えると考える。だから、ユダヤでは、どんな最悪の事態が起こっても決して自殺はしてはならぬ。神の目から見て、それより悪いことを防いでくれているのだと考える。ユダヤ人が、六〇〇万人もナチスに殺されたのに、今でもユダヤ人であることを捨てないのは、そう考えるユダヤ人が多いからだ。

ユダヤ人は物事を絶対あきらめない。何千年もヘブライ聖書を大切にしてきて、自分の命も絶対にあきらめない。起死回生《きしかいせい》のチャンスを何世代も我慢して待つ。モーゼに連れられてエジプトを脱出したが、約束の地に入るのにそれから四〇年も砂漠の中を彷徨した。四〇年といえば一世代だ。死なないで命を大事にしているからこそ成功も手に入ると考えるのだ。

第一章で触れた世界的な投資家のジョージ・ソロスという人がいる。投資家として、また慈善活動家としてもよく知られている。ソロスは、一九三〇年、ハンガリーのブダペスト生まれで、ナチス・ドイツによるユダヤ人狩りに遭い、強制収容所行きは何とか免《まぬか》れたものの、父親とともに死体だらけの瓦礫《がれき》の中を逃げ続けたという過酷な体験を持っている。ソロスは、「このときの体験に比べれば、後の金融市場でのどんなリスキーな体験も大したことではなかった」と語っている。

ソロスの経営する投資会社は、ヘッジファンドであり、世界のあらゆる富裕層や機関投資家から資金を集め、リターンを提供する。ソロスの総資産は不明だが、一九九二年のイギリス・ポンド相場の混乱や、アジア通貨危機の際に巨額の利益を引き出したといわれる、世界有数の富豪である。

しかし、ソロスは非常に謎めいた人物で、自分の投資活動については詳細を明らかにしていない。成功者として微塵《みじん》も浮かれた様子を見せず、冷徹な投資家の横顔しか見せない。

その一方で、世界の圧政や飢餓をなくす運動をしたり、ソ連・東欧の社会主義政権崩壊後の混乱を救済するために巨額の資金援助もしている。人生の暗い部分を生き抜いてきた人間の「しぶとさ」と同時に、だからこそ弱者への深い思いもあるのだろう。その意味では、彼も前出の前アメリカ財務長官ルービンも、非常にユダヤ的なのである。

道に迷ったお姫様

ある国のお姫様が森の中で道に迷ってしまった。どの道をたどっても行き止まりで、何日間も森から出られなかった。

すると森の奥で一人の白髪の老人に出会った。お姫様は、これで助かったと思い、「私は道に迷ってしまいました。どの道をたどればこの森から出られるのか教えてください」と、その老人に聞いた。老人は、口をもぐもぐさせながら、お姫様にこう答えた。

「わしは、この森でもう四〇年も道に迷っている。わしが教えられるのは、どの道を進めば森から出られないか、ということだけじゃよ」

多くの失敗から学ぶ――悪い時の経験が成功に導く

しぶとさの基盤

「あなた方の身を悩まさなければならない」（民数記二九章七節）など、ヘブライ聖書には、ユダヤ人が苦労することを求める記述がある。他の宗教は、災厄から逃れることを神に祈るが、ユダヤ人は耐えられる苦難を経験するべきだとか、神が教えるのである。こうした発想が、ユダヤ人のしぶとさや簡単に物事をあきらめないことの基盤となっているのである。

ユダヤ教の学習会では、さまざまなテーマで議論が行われるが、失敗談を話し合うことが最も奨励される。ユダヤ人は、迫害の歴史の中で、苦難や失敗に追い込まれることが多かった。だから苦難や失敗を大切にし、「なぜ間違えたのか」に、大きな関心を注ぐ。間違えた道を分析すれば、正しい道が見つかるからである。ビジネスでも調子がいい時ばかり経験してきた社員からは、有能な経営者は育たない。挫折や失敗を知らない人間は、ある時とてつもない落とし穴にはまる危険がある。制御装置が利かなくなるのだ。

ユダヤでは、**成功した人の話より失敗した人の話のほうが役立つ**と考える。ユダヤ人が圧倒的に多いハーバード・ビジネス・スクールの教材でも失敗例が多く取り上げられる。日本のビジネスマンも、ハウツー本の成功談ばかりを参考にするのではなく、リアルな失敗談にもっと関心を向けて欲しい。失敗談にこそ、成功へのヒントが限りなく隠されているのである。失敗談を何で読むか？　ユダヤ人はヘブライ聖書である。さて日本人は？

「最も良い教師とは、
最も多くの失敗談を語れる教師である」

――ユダヤの格言

第三章

すべてを捨てる
覚悟が道を拓く

「From Dust to Dust
人はDust（塵）から生まれてきた。
生まれてきてから得たものに執着するな。
いずれ人はDust（塵）に戻っていくのだから」

人生には限りがある

二〇年ほど前の私は、かなりのグルメで、出張で外国に出かけるたびに、有名レストラン巡りをしていた。美味いものとワイン、そして豪奢なレストランの空間に、惜しみなくお金と時間を費やし、それが人生の楽しみだと思っていた。

しかし、ある時そうした生活が一変した。五〇代の初めに重い病気にかかった。突然の心身の変調で、仕事を続けるのもままならないほど大変苦しんだ。アメリカで先端医療による治療を受け、医師のアドバイスで食生活を変え、やっと健康を取り戻した。手術後、目を覚ました私の目に飛び込んで来たのはユダヤ人の執刀医の頭に乗せられたユダヤ教の帽子キッパだった。つらい体験ではあったが、そのキッパで命を救われた。ユダヤ教との最初の遭遇であった。私は病気になって良かったとすら今は思っている。それはユダヤ教に出会えたからだ。まさに最悪の事態は最善の出来事を引き出したのだ。

それまで一心不乱に仕事をして、ワーカホリックの状況にあった。その上に健康に悪い酒と美食の日々。心も体も疲労で悲鳴を上げていたのだと思う。人生の半分、いや三分の二をそんな生き方をしてきた。けれど、そこでつまずいてようやく思い知ったのである。自分の人生には限りのあることを。

そう思えたことが私の転機になった。自分の内面を深く見つめることで、限りある人生をもっと謙虚に豊かに生きたいと思うようになり、目にしたキッパから電撃のような稲妻の光を浴び、その延長で以前から惹かれていたユダヤ教への改宗に導かれたのである。

他の宗教は、神様に健康長寿を願うが、ユダヤ教は神が人間に健康のための戒律を実践させる。そして「それをするもしないもお前次第だ」と、突き放す。つまり暴飲暴食で死にたきゃ勝手にしろということだ。決めるのは人間のほうだと。そして良きユダヤ人は、戒律で定められている粗食を守り、健康を維持しようと努力する。

衣食足りると礼節を忘れる

日本には「衣食足りて礼節を知る」ということわざがある。食べたいものが食べられ、着たいものが着られ、良い家に住める。そんなふうに生活が豊かになれば、人々は自然にやって良いことと悪いことの区別がわかり、正しい行いをするようになる。統治者はまず人々の生活水準を上げなければならない、という示唆であるとも言える。

しかし、本当にそうだろうか？　ユダヤでは何でも本当にそうか？　と考える。確かにあまりに貧しいと、人のものを盗んで口にするということもあるだろう。しかし、今の日本のように誰もが豊かになると、逆に大きな礼節を忘れはしないだろうか。みんながゲームを持っているので万引きしてでも欲しくなるとか、みんな豊かなのになぜ俺だけがと思い込み、キレて刃物を振るうなど、私には日本の豊かさが人々の幸せに貢献しているとはとても思えないのである。

ユダヤ人は日本とは全く逆のことを教訓にした。「衣食足りると礼節を忘れる」と。贅沢をして苦しかった時期のことを忘れると、人としての自覚を忘れてしまう。だからユダヤ人はエジプトの奴隷時代の苦しさを忘れないために、年に何度も断食をしたり、過越祭ではわざと貧しいイースト抜きのパンを食べたり、スコットという祭りのときに屋根のないボロ小屋で何日も過ごすということをする。エジプトを脱出する際には、パンを膨らませる時間的余裕もなく、着の身着のままの逃避行であったし、雨露しのぐ場所もなく旅を続けたからだ。これを毎年毎年繰り返して、あえて苦しさと貧しさを自分たちに課し、苦労を忘れないようにしている。

ユダヤ教における最大の祭日「ヨム・キプール」（贖罪《しょくざい》の日）には、一切の飲食、入浴、化粧、車の運転、労働が禁止される。歯を磨くのもだめ、口をゆすぐのもだめで、敬虔《けいけん》なユダヤ教徒は唾《つば》を飲み込むこともやめて吐き出している。日本の休日と違って、休日の意味を問うて行動する。週に一回巡って来る安息日には一切の労働は厳禁だ。ユダヤ人の居住地区では、交通機関もストップし、店もすべて閉まるので、町そのものが全く機能しなくなる。人々はそうして一日中祈りを捧げ、日々の欲望の多さを実感し、反省するのである。

中国の作家で、日本でも評論活動をしている孔子の子孫の孔健《こうけん》先生と話したことがある。私が「衣食足りて礼節を知る」という考え方をどう思うかと聞くと、先生はこう答えた。「中国では、衣食足りたら、物事の節度や論理を忘れ、礼節を忘れる。だから孔子は、儒教の中で『礼』を繰り返し教え、教育と学習の重要性を強調したのですよ」

「人間は学ぶことによって、本能だけに支配される動物ではなく、人間になる」という考え、つまり良い人間になれるということだ。これはユダヤ人とよく似た発想である。

ユダヤの考え方では、結婚式という幸せの場でも、新婦と新郎に不幸を体験させる。私はユダヤ教に改宗してから、ともにユダヤ教徒となった妻とユダヤ式の結婚式を挙げた。同じ女性と二度結婚式をしたわけだ。一度目は日本の神道の神社であった。ユダヤ教の結婚式で経験したことだが、新郎新婦は一つのグラスでワインを飲んだ後で、新郎がそのグラスを踏み潰《つぶ》すのだ。この儀式には、祝いの席で、二人の飲んだワイングラスが砕け散るのをしっかり見届けさせることで、人生にはこうした不幸な出来事も起こりうると警告する意味がある。

人生でどんな苦難が襲っても耐えられるように、ユダヤ人はあえて耐えられる苦難を経験すべきだと神が教えるのである。

日本には「苦労は買ってでもすべし」という言い方もあるが、これはあくまで精神性の問題で、具体的な行動で表現されているわけではない。ユダヤ人は義務として年に何度も実践しているのである。こうした発想がユダヤ人のしぶとさの源となっているのだと思う。

「不幸の偏在性《へんざいせい》」にどう向き合うか

二〇一一年という年は日本人にとって大きな試練だった。自然災害はもちろんだが、世の中には、突然痛ましい事件や事故が起こる。親しい人や家族が突然重い病気になったり、あるいは交通事故に遭ったり、無差別テロの犠牲者になることもある。何の罪もない幼い子どもたちが、飲酒運転の暴走車に轢《ひ》き殺される。

なぜこんなひどいことが起こるのか。悪夢のような運命にさらされた人々は、神も仏もないじゃないかと思うこともあるだろう。芥川龍之介は「蜘蛛《くも》の糸」の中で、地獄に落ちている悪人が小さな善行を一度だけしたからと、お釈迦《しゃか》様は蜘蛛の糸を垂らして天国へ引き上げてやろうという慈悲を示した、と書いた。

では、良き行いをしていれば神はそれを見て助けてくれるのか？　そんなことはない。ふだん慈善を積んでいる人間であっても、悲惨な事故に巻き込まれる。まだ何の罪も犯していない一歳未満の乳児が突然死することもある。それどころか、汚いやり口でお金儲けをし、年中人を不快な気持ちにさせる自己中心的な人間が、何の罰も与えられずのうのうと長生きしている。世の中にはそんな不公平なことはいくらでもある。悪い人間が不幸な目に遭うとは限らないのだ。

こうした「不幸の偏在性」には、誰もが悩み、困惑し、宗教もこの問題に向き合ってきた。仏教では善人を不幸が襲うのは前世の罪によるものだと考え「因果応報」だという。カトリックはもともと人間は罪深い存在で「原罪」を背負って生まれてくるという。

ではユダヤ教ではどう考えるのか。

神のすることはわからない、と考えるのである。

人間の不幸や不運が偏在する理由は「わからない」、あるいは「正しい人には神が試練を与えることがある」とか、もっと悪い事態を防いでくれているのが今の不幸な事態だと前向きに発想する。

不幸や災難はどうしても起こり得るものだから、避けるという発想ではなく叡智を尽くして乗り越えていこう、と考える。「なぜ自分だけがこんな目に……」とは考えず、それも自分の人生の一部と考えて受け入れ、前向きに切り抜ける努力をするのである。

よく言われる話だが、地球に大隕石が衝突し人類が滅びると予測が出たら、キリスト教徒は神に奇蹟を祈り、仏教徒は来世で会おうと仏に祈るが、ユダヤ人は何とか助かる方法はないかと科学書を必死で読むのである。しかし、どんな科学書にも地球脱出方法が見つからないときはどうするか？　その時には**すべてを捨てる覚悟を決める**のである。

人は塵から生まれて塵に返る

私は、ニューヨーク州にあるコーネル大学医学部のミッチェル・ゲイナー医師と親交がある。ゲイナー医師は、がん治療と血液学の世界的な権威である。彼のがん治療法はとてもユニークで、肉体だけでなく心にも注目する。抗がん剤治療だけでなく、心に活力を取り戻させて体の免疫力を高めようとする治療法を実践している。

以前、診察をしてもらいながら、私はゲイナー医師に世界で起こりつつある経済危機について質問したことがある。家族もいて、これからの時代どう切り抜けていけばいいのか、迷いがあったからだ。私の診察と治療を終えて、ゲイナー医師はこう答えた。

「カンジ、生まれてから得たものに執着してはならないよ。失うことを恐れると、病気をやっつける免疫力に一番悪いストレスを受ける。『人は塵から生まれて塵に返る』という聖書の言葉を思い出すべきだ。きみは生まれたとき何も持っていなかっただろ。死ねば塵に戻るんだ。生きている間に得たものに執着を持つことは意味のないことだ。人生を頑張って生きることは必要だけれど、どうにもならないことは、執着をやめて、やりすごすべきなんだ」

ゲイナー医師から聞いた、このヘブライ聖書の言葉はどんな薬より効き目があった。ああ、そうか、そこに答えはあったのだと、感動したことを今でもよく覚えている。ゲイナー医師は世界的な経済危機の乗り越え方だけでなく、私自身の生き方にも大きな示唆を与えてくれたのだ。

「From Dust to Dust」（人は塵から生まれて塵に返る）とは、ヘブライ聖書の創世記（三章一九節）に出てくる言葉だ。頑張って生きることも大切だが、どうにもならない時には命以外の持っているものすべてを捨てる覚悟を決める。人は結局は塵に戻っていくのだから、執着して悪あがきをするのは意味のないことだと教えているのである。ゲイナー医師がユダヤ人かどうかは確認していないが、その社会的活動から判断すると、おそらくそうだろう。彼の言葉はまさにユダヤの教えに一致するものだった。

とはいえ、人には我欲というものがあり、なかなかそういう境地になることは難しい。

困難な状況になるほどに、失うことを恐れて悪あがきをしてしまう。

一章、二章では、お金とビジネスの話を中心にしたが、ここでは人生を襲うさまざまな苦悩、困難に直面したとき、ユダヤ人ならどう切り抜けるのか。その考え方と、実践法をタルムードの教えから引いてみたい。

青年アダムスの疑問

昔、あるところにアダムスという青年が住んでいた。彼はユダヤ教の勉強をしていたが、一つの疑問に突き当たり、自分では解決できないでいた。

「なぜ神は良い人に不幸を与え、悪い人に幸せを与えるのか？」

それがアダムスの解決できない疑問だった。

ある日、預言者《よげんしゃ》エリジャが青年の住む町にやって来た。アダムスは、エリジャのもとに駆けつけると、こんな願いごとをした。

「私は自分の疑問を解決するために、賢者であるあなたと一緒に、神がどのようにこの世に奇蹟を起こしているのかを見たいと思います。どうか私を一緒に旅に連れて行ってくださいませんか」

それを聞いたエリジャは、「わかった。私についてきてもよい。だが一つだけ条件がある。私が何をしても『なぜだ』と私に質問してはならない」と言った。アダムスは承諾《しょうだく》して、一緒に旅に出た。

一日目の夜。二人はある村の貧しい夫婦の家に泊まると、思いがけないご馳走をふるまわれた。翌朝、その家を二人が立ち去ろうとすると、夫婦のたった一つの財産であった一頭の乳牛が突然死んでしまった。夫婦は悲嘆にくれた。これを見たアダムスは、思わず「なぜ神はこんなことをするのでしょうか」と聞いてしまった。「なぜと聞いてはいけないと言っただろう。もう一度言ったら私はおまえの前から立ち去るからな」と、エリジャは、彼を戒めた。

二日目の夜。二人は別の町にたどり着いた。そこには大金持ちで強欲な商人が住んでいた。その商人は二人を見ると、「ご馳走する気はないが、水一杯なら差し上げる。家には泊めないが、軒下で寝るのはいいだろう」と、冷たいあしらいをした。二人は軒下で雨露をしのぎ、寒さに震えながら一夜を過ごした。

翌朝立ち去るときに、エリジャはその金持ちの庭で、嵐のために根こそぎ倒れていた木を元の状態に戻してやった。アダムスは、自分たちに冷たくした商人になぜエリジャが親切にするのか、不思議に思った。しかし、質問したい気持ちを彼はぐっとこらえた。

三日目の夜。別の町に着いた。二人は、裕福で欲深い信者ばかりがいるシナゴーグに泊まった。信者たちは、二人に貧しい食事を与えただけだった。エリジャは、翌朝立ち去るときに、「あなた方全員に祝福あれ。あなた方全員が立派なリーダーになるように神は祝福されるであろう」と、彼らに言って祈りを捧げた。アダムスは「ますますわからない」と、大きな声で独り言をつぶやいたが、質問はこらえた。

四日目の夜。今度は貧しい村のシナゴーグに泊まった。信者は誰もが貧しかったのだが、二人を手厚くもてなした。翌朝立ち去るときに、エリジャは「あなた方の中のたった一人が立派な指導者になるように神は祝福されるであろう」と言って祈った。

これを横で聞いていたアダムスは、とうとう我慢できなくなり、質問してしまった。

「どうして神もあなたも富める者には優しく、貧しい人に冷たいのですか？」

預言者エリジャは振り返るとこう言った。

「私との約束を破った以上、私はここで立ち去る。しかし、立ち去る前に一言言っておこう。一日目に乳牛が死んだ家では、そのちょうど同じ時刻にあの家の主婦が死ぬ予定になっていた。神はその代わりに牛を殺したのだ。二日目の町で私が庭の木を植え直したのは、その木の根元に金貨が五万枚埋まっていたためで、それを強欲な主人に見つからないようにしたのだ。

三日目のシナゴーグでは、全員がリーダーになると意見がまとまらずにシナゴーグの運営がやがて立ち行かなくなる。だから、そうなるようにと全員を祝福したのだ。

四日目のシナゴーグで、一人が指導者になることを祝福した理由は、指導者は一人でいいからだ。するとシナゴーグの運営が適切に行われて村は栄える。

このように、神がなさることは一時点のある現象を見てもわからないのだ。このことをよく心しておくように」

そう言い終えると、預言者エリジャは消えてしまった。

神の視点で物事を考えよ――人間の及びもつかない見方で見よ

神ならどう考えるか？

青年アダムスが突き当たって悩んだのは、まさに先ほど私が述べた「不幸の偏在性」への疑問だ。どうして神はこんな不公平なことをするのかという普遍的な問いかけである。ユダヤ人の子どもは、幼い頃から母親の説話を聞いて、こうした哲学的な問題を考えながら育っていく。

そして、何か困難が起きたとき、自分の不幸を嘆く前に「神がこのことを考えたら、どのような判断を下すのだろうか」と考えるようになる。もちろん、「神の考え」を普通の人間が理解するのは無理なことだ。神とは「人間の理解を超えた存在」だ。

しかし、その存在を問い続けることで、「ひょっとすると神はこう考えて自分に試練を課したのかもしれない」、あるいは「この出来事には違う答えがあるのかもしれない」と、別の角度からの視点が思考の中に生まれてくる。

簡単に言うと、百人中百人が考える見方、千人中千人が考える見方、万人中万人が考える視点ではない、全く違った観点から見るということだ。

アダムスは、目の前の表面的な事象だけを見て「神はなぜこんなことをするのか」と、エリジャに問いただしてしまった。その人間としての平板な見方を預言者エリジャは戒め、不可解な現象の裏にはさまざまな真相があるのだと、アダムスに説いた。

「質問をするな」とエリジャが言ったのは、ある事象に中にあるさまざまな可能性を、人間自身が自分で考えて見出しなさいということなのである。

たとえばあなたにとても悲しい出来事が起きたとしよう。悲しい、つらいという感情は、その中に埋没《まいぼつ》すると、出口などないように感じてしまう。そんな時、ユダヤ人は「神はこの物事をどう見るだろう」と考えるのである。神とは「人間を超越した存在」だからだ。するとは思索が深まり、その場の人間の感情から離れて、別の次元から客観的に物事をとらえられるようになる。神とは「別の次元」ということだ。

二章の「最悪で最良の災難」の話もこれと同じで、別の視点から見ると、最悪な事態が実は最良の出来事であった、ということは長い人生いくらでも起こりうる。私が五〇代で大病を患《わずら》ったことも、結果的に充足感のある人生へと私を導いてくれた。

物事にはいろんな側面がある。善と悪、不幸と幸福は常にセットになっており、それが形を変えて人の人生に降り注いでくるのである。幸運と思ったことが、実は失敗の元になっているかもしれない。逆にピンチがチャンスの兆《きざ》しかもしれない。

自分自身を一度突き放して、神という人間を超越した第三者の目で考えると、不思議と前向きに物事を受け止められるようになる。

経済に元気のなくなった最近の日本では、「お先真っ暗で、何をやっても無駄だ」といった厭世《えんせい》的な気分が社会全体に広がっている。不景気になると社会全体が萎縮《いしゅく》し、暗い雰囲気になってくる。特に日本は同調率が高く、そうした単一の空気に染まりやすいように感じる。だがユダヤ人で「どうせ何をやっても」と、人生を投げやりに考える人間はほとんどいないだろう。今ある命を大切にし、その命を価値あるものにしようと、人生と格闘する。その姿勢が、彼らに別の視点からの発想法を可能にするのである。イスラエルという言葉は「格闘する」という意味がある。

神はなぜ大震災を起こされたのだろうか？　迫り来るもっと大きな巨大災害、巨大震災に備えよと人々に警告されているのではないか。こう考えるのが、神の視点からの発想である。繰り返して言うが、神とは普通の人間ではない存在である。常識ではなく非常識以上の常識である。世論ではなく反世論以上の超世論である。

ここで、私がユダヤ教を学ぶ中で、ラバイのヘンリー・ノアさんが私に出した問題を紹介したい。あなたはどう判断するだろうか。

悪いのは誰？

今まで真面目に勉強してきた学生が、ふと通りかかった家に鍵がかかっておらず、ドアが少し開いていたので、つい出来心《できごころ》が生じて物を盗んでしまった。この学生は警察に捕まり裁判にかけられたが、「つい出来心で」という弁解は裁判では通らない。学生は有罪になり、大学も退学処分になって、就職もできず、結局心がすさんで、今度は本気で盗みに走るようになってしまった。

再犯で捕まると、刑務所に行く年数も長くなり、結局この学生は、刑務所を出たり入ったりする人生を送ることになった。この学生の犯罪で、何人もの人が物を盗《と》られる被害に遭った。もし最初の家の人が鍵をかけていれば、この学生は道を踏みはずすことはなく、まっとうな人生を歩んでいたかもしれない。いったい誰が悪いのだろうか。

情報は疑って見よ——思考停止が判断を誤らせる

神の目から見るという視点

常識的に考えれば、悪いのは学生本人である。法律的に見れば「鍵をかけなかった人」は被害者であり、何の犯罪も犯していない。しかし、この問題を私に投げたラバイのノアさんは、「神の目から見たらどうでしょう」と私に聞いた。

「鍵をかけなかった人」は、一人の学生の人生を大きく狂わせただけでなく、その後も何人もが被害に遭い、そのたびに警察や裁判所、刑務所の厄介になるという、社会的に大変なコストを払わせる原因を作ったことにはならないか。

ノアさんの問いかけに、私は深く頷いた。犯罪者を責めるだけでなく、そうした犯罪者を作ってしまった要因は別のところにあるのではないか。善良な人間の日々のちょっとした不注意が知らずその発端になっているかもしれない。

二〇一二年一月に、イタリア豪華客船座礁事故が起き、乗客を見捨てて逃げたとして、船長が世界中のメディアから非難された。避難が遅れて乗客が犠牲になったのはその船長の責任だと責め立てられた。

　こうした世論にユダヤ人たる私はすぐ同意しない。本当にそうだろうか？　と考える。船が座礁したのは船長のパフォーマンスのために陸に近づきすぎたことが原因だというが、その情報は正しいのか？　クルージング会社の社長が陸に近づいて乗客を喜ばせよと命じていたのではないか。船長がいち早く脱出したというが、その時点で乗客は何人残っていたのか？　船長が最後まで残っていたら犠牲者が出るのは防げたのか？　残っていた乗客が逆に船長の避難命令を無視していた事実はないのか？　職務放棄、業務上過失致死《かしつちし》に当たるのか？　倫理規定には違反したかもしれないが、法律的には無罪になる可能性もあるのではないか？

　豪華客船とは言うが、四〇〇〇人もの人が乗る船が傾いた時に、救命ボート装置が正常に働くのか、もし傾いた船の救命ボートが傾斜の故に半分は働かないとしたら、船のオーナー会社の責任も問われるのではないか？

　マスコミに左右されず冷静に物事を見れば、人間ですらこうした複数の視点が浮かんでくるのである。神ならばもっと違った見方があるはずだ。実は船が傾いた時には、救命ボート装置は全く役に立たないのではないかとの見方である。一人の人間を血祭りに上げ、世界中の世論が船長が悪いと決めつけてしまった時点で事故の再発防止に向けての思考は停止する。傾いた船でも大丈夫な救出装置の開発の必要性に気づかなくなる。**大勢の人間の思考が停止したときが最も怖い**。また同じことが繰り返されるからだ。ユダヤ人の差別や迫害もそうして始まったからだ。

戦争や独裁者による大虐殺など、世の中が間違った方向へ進んでいくのは、人々の思考が停止している時だ。実はユダヤ人の私から見ると日本人が世界で一番思考停止しやすい。原発安全〝神話〟もそうだ。人間の思考が停止しているだけなのに「神」という語を使うことは「神」を知らない人間の愚かさだ。また、権力者は民衆の思考を停止させるべく扇《せん》動《どう》する。考えない人間は、簡単にその手のプロパガンダに乗せられ、気づいたときにはもう後戻りできないところまで行ってしまうのだ。考えない人間の集まった国の指導者を独裁者と言うのだ。独裁者が悪いのではなく「思考停止した民衆」の方が悪い。

歴史を見れば、人間がどれほどそうした間違いを犯してきたか、わかるはずだ。思考停止した民衆の上に独裁者とその官僚が巣食ってきた。

ノアさんから学んだ複数の視点で考える発想法は、自分が弁護士という仕事をしていくうえでも、とても勉強になった。一度自分の中で判断をした後でも、「違う考え方はないだろうか」と、別の発想から見直してみようという習慣がつくようになった。すると、仕事でも人間関係でも、いろいろな視点から深く分析できるようになり、ずいぶん前向きに考えられるようになっていった。

ノアの方舟の真実の話

神が怒ってこの地上に大洪水を起こされた時、ノアの方舟にだけは男と女、そして動物もオスとメス一番《つがい》ずつを乗せられた。

最後に「善」が方舟に乗ろうとしてやって来たが、神は「カップルでしか乗せない」と言われ「善」の乗船を拒否された。

そこで「善」はもう一人の「善」を連れて来たが、神は「善と善はカップルではない」と言われ、再び乗船を拒否された。

やむなく「善」は、大嫌いな「悪」と手をつないでやって来たところ、神は「よし」と乗船を許された。

善と悪は、別々に存在しない。いつも一緒にいる

善人の顔と悪魔の顔

ノアの方舟には、すべてカップルでしか乗船できなかった。そこで善と悪が、苦と楽が、薬と毒が、福と禍が、富と貧が、カップルで乗って来た。だからこの世界には常に二つが存在するのだ。しかも善と悪、苦と楽、福と禍、富と貧が手をつないで存在するのだ。二つが別々に存在するのではない。矛盾する二つが常に一緒にいるのだ。

このヘブライ聖書にあるノアの方舟の話の教えは非常に興味深いものがある。

善人と悪人が別々だと受け取ってはならない。ノアの方舟に善いものと悪いものとが対になって入ったということのユダヤの教えは、善いものと悪いものとが同じ顔をしているということである。悪魔が善人の顔をし、善人が悪魔の顔をしているということである。この区別が普通の人にはわからない。往々にして善人の顔しか普通の人には見えない。

この点をヘブライ聖書に親しみがない日本人が理解していないために、国際経済、国際会議、国際政治の中で大いに損をしていると思う。

例えばこうである。アメリカが、何らかの物事に関しての基準を設定したとしよう。そして、これがアメリカの、すなわちグローバルなスタンダードだ、と言って世界中の国に押しつけてくる。マネー・ロンダリング規制や銀行の規制、国際バンキングの規制、証券取引法の規制、会計基準などである。

だがこれらの「グローバル・スタンダード」はアメリカが善人の顔で喋っていることである。日本人はそれを善人のアメリカ人が言っているものとして全面的に受け入れてしまい、同じアメリカが悪魔の顔を持っているということが全くわからない。

ではどういう悪魔がその裏にいるか。他国にルールへの参加を突きつける裏で、実は抜け道を用意しているのである。それも自国の一部の者に対してのみである。一例を挙げると、アメリカには本人確認もいらなければ何もいらない、全くのフリー・バンキングの道があって、ごくわずかの者だけがその恩恵に与《あずか》っている。プライベート・エクイティやヘッジ・ファンドもそれに近い。会計基準やディスクロージャーは適用されていないに等しい。

それが現実なのである。そして、そういった裏の抜け道を使って、アメリカはしっかりと世界をコントロールしているのである。

イギリスもロシアも中国も、善人と悪人の二つの面を巧みに操作している。

国際会議などで話される内容は、全くの善人の顔の善人の口から出た言葉である。ああいう場で各国首脳が発言していること、特に欧米の首脳の発言内容は、善人の立場からの言葉である。それを一〇〇％額面通り受け取ることは、日本人の習性かもしれないが、少なくともヘブライ聖書はそうは教えていない。同じ善人が悪人の顔を持っていて、悪人の発言を悪人の顔同志で全く別の場所で話をしているということを知らなくてはいけない。これがヘブライ聖書の教えである。

善と悪とは常に手を取り合って行動しているのである。手を離したことは一度もない。

追い詰められたユダヤ人の奇策

中世のヨーロッパでは、差別されたユダヤ人が領主から何かにつけて難癖《なんくせ》をつけられたり、無実の罪を着せられ、処刑されることが多くあった。

あるユダヤ人が無実の罪で捕まり、裁判官でもある領主からこう言われた。

「お前のユダヤの神は、よほど偉い神だというではないか。ここに封筒が二つある。中には紙が入っており、一つには『無罪放免』、もう一つには『死刑』と書いてある。さあ、お前の神が奇蹟を起こしてくれるのを見たいものだ。どちらかを選んで取れ。その封筒に書かれている言葉に私は従うことにしよう」

追い詰められたユダヤ人は必死で考えた。

「何としてでも生き抜くぞ。この領主は私を死刑にするために、両方の封筒に『死刑』と書いているに違いない。ならば……」

ユダヤ人は、そう判断して、いきなり奇策に打って出た。一つの封筒を取るや、ぐしゃぐしゃにその封筒を丸めると、なんと口の中に放り込んで、「ゴクン」と飲み込んでしまったのだ。そして、領主に向かってこう言い放った。

「領主様、私が選んだ封筒の中に書いてあることは、ここに残っている封筒の中身と反対のことのはずです。残っている封筒に書かれている言葉が『死刑』ならば、私は無実です。ですので領主様、残っている封筒に書いてある言葉を声に出してお読みください」

ユダヤ人の読み通り、封筒には両方とも「死刑」と書かれていた。こうしてユダヤ人は生き残ることができた。

命を奪えるのは神のみ――命をあきらめない

ユダヤ人に滅びの美学はない

日本人は物事を潔《いさぎよ》くあきらめることを美徳とする。パッと咲いてパッと散る桜が大好きで、散り際の美しさを称える文化がある。つまり執着しない民族とも言える。

第二章で日本の自殺率の高さを述べたが、死についての考え方は、日本とユダヤとでは全く違う。ユダヤ人は、命は神から与えられたものであり、奪えるのは神のみと考える。

心を病んだ若者が自らを刃物で傷つけ、そうした自傷行為でしか生を実感できないというケースが増えていると聞くが、ユダヤ教では自分の体を傷つけることも禁じられている。ユダヤ教のオーソドックス派の人は、カミソリを使うと肌を傷つけるとして、ひげも剃《そ》らない。自殺は神への反抗とされる。

ユダヤ人が日本人のように「滅びの美学」を持っていたら、迫害に次ぐ迫害の歴史の中で、とうの昔に絶滅していたに違いない。だが、ユダヤ人はあのナチスによる六〇〇万人虐殺のホロコーストを生き延びた民族である。

物事も自分の命も絶対あきらめない。どんな逆境の中でも、起死回生《きしかいせい》のチャンスを探し求める。この説話のように絶体絶命のさ中にあっても、あきらめることなく頭をフル回転させて、生き延びるチャンスにかける。

兵士とパスポート

北部アフリカのエチオピアにはユダヤ人がいます。一九八〇年代末、エチオピアの軍事政権は国内のユダヤ人を捕らえ、刑務所に放り込んでいました。殺害はされなかったものの、食べ物は与えられず、餓死の危険がありました。

捕らえられた中に一人のラバイがいました。この人は、監視の隙を見て逃げ出しました。その日は農家の小屋に隠れ、夜暗くなってから国境に向かって歩き出しました。陽が昇る前に隠れ、深夜に明りのない道を歩くことを何日か繰り返しました。やっと収容所からかなり離れたので、国境方向に行くバスに乗って時間と距離を稼ぐことにしました。

ところが、途中の検問所でバスが止められ、兵士二人が乗り込んで来て、マシンガンを抱えながら「全員パスポート、または身分証明書を見せろ。手に持って頭上に差し出せ」と大声で怒鳴りました。

このラバイは何も持たずに脱走したので、もちろんパスポートも身分証明書も持っていませんでした。いちばん後ろに座っていたので、憲兵が来るまで二〜三分の余裕があり、必死で考えました。そして、とっさに次の行動に打って出たのです。

パッと立ち上がるや、彼の回りに座っていた何人もの乗客のパスポートを次々と集め出し、一五人分ぐらい集めるや、通路を近づいて来る将校の一人に、「私の分も含めて後部座席の乗客のものをお持ちしました。お役目大変ご苦労さまでございます」と言ったのです。

虚《きょ》を突かれた兵士は協力者の市民がたまたまバスに乗っていたと思ったのか、一五人分のパスポートに一応ざっと目を通して、そのままラバイに返し、「よかろう」と言ってバスから降りて行きました。心臓の鼓動が恐怖のあまり停止せんばかりであったそうです。

このラバイは無事国境を通過し、地中海から船に乗って、イスラエルに逃れ出たのでした。一カ月にもなる逃避行でした。

決してあきらめない――起死回生の一打を必死で考え実行せよ

逆境をジョークで笑い飛ばす

兵士とパスポートの話は、そのラバイ自身から筆者が直接聞いた実話だ。興味深いのは、封筒とパスポートの二つの話がユダヤ人の危機一発を扱ったものにも関わらず、どこかユーモラスで痛快な面を持つことだ。まるで日本の一休さんの頓知《とんち》話のように、知恵を使って相手をやり込める。決してあきらめず、粘り強く目的を達成するのはユダヤ人の大きな特徴であるが、自分たちの不幸をユーモラスな表現で受け止め、するりと相手をかわす即妙さも見せる。

その意味で言えば、ユダヤ人はジョーク好きだ。例えばこれ。

「ユダヤ人の鼻が大きいのはなぜか知っているか。それは空気がタダだからだよ」

ユダヤ人の金儲け主義を皮肉った有名なジョークであるが、重要なのは、これを作ったのはユダヤ人自身だということ。ユダヤ人ならば、その思想に「金儲け主義」などないことはよく知っている。しかし、周囲の人間はユダヤ人のことをそう見ているだろうと、その差別を逆手《さかて》にとり、こちらから先制攻撃を仕掛けているわけだ。

つまり、自分たちをいったんコケにすることで、相手の腰を折って攻撃を封じる。こうしたユダヤ流ジョークも生きるための知恵である。

少々脱線するが、ジョークが下手な日本人にお勧めのジョークを一つ。

無人島に、ある国の二人の男と一人の女が漂着したらどうなるか。

――フランス人の場合

二人の男のうち、年を取った方が女を妻とし、若い方は女の恋人になる。

――イタリア人の場合

男二人が女を巡って命がけの決闘をする。

――イギリス人の場合

男二人がまず自己紹介を始める。先祖から現在までの家柄と自分の経歴。女は退屈して居眠りをしている。

――日本人の場合

その島のどこかに、東京からファックスが届いていないかと、二人手分けして探しに行く。女は置き去りだ。

ユダヤのジョークは、もともと虐待、差別、迫害された人間が、権力者を揶揄《やゆ》することで自らの境遇を笑い飛ばすために発展してきたものだ。ともすれば逆境に負けそうなときも深刻になりすぎず、ジョークで笑い飛ばして、心を奮い立たせてきたのである。

そして、こうしたジョークでの先制パンチも、自分たちを第三者の目（神の目）で見る冷静さがあればこそ、できることだ。

そういう目で見ると、タルムードの小話にも、どこかクスッと笑ってしまうようなユーモアが随所に散りばめられている。だからこそ子どもたちも話に惹かれ、飽きずに聞いているうちに、自然にユダヤの考え方が体に浸透してくるのだ。

小魚と水

神は小魚にユダヤ教の大切さを教えようとした。しかし、小魚は「目に見えないものなど価値がない」と関心を持たなかった。そこで、神は一瞬だけ小魚の周りから水をなくしてしまった。体をバタバタさせて小魚は苦しがり、水がないため鱗《うろこ》も乾いてしまい、それは大変な思いをした。神が水の中に小魚を戻すと、恵みの水に体を存分に浸し、「目に見えないものがなければ、私は生きていけないことが、やっとわかりました」と小魚は神に言った。水の大切さを知った小魚は、二度と水から離れようとしなかった。

ある時、水辺にキツネが来て、泳いでいる小魚をからかった。

「魚さん、魚さん。なんでそんな狭い小川の中で一生懸命流されまいとウロウロしているんだい？　一度陸に上がって来てごらんよ。食べ物はいろいろあるし、遊ぶところだって水の中よりいっぱいあるよ」

小魚はキツネに向かってこう言った。

「とんでもない。私たちは水の中でしか生きられないのですよ」

目に見えないものこそ大切なもの——日本人はものに囚《とら》われている

魚にとり、水は見えないが命をつなぐもの

説話の中の小魚はユダヤ人、水はユダヤ教のことである。私は日本に生まれたが、ユダヤ教を勉強し、厳しい審査を通ってユダヤ人の同胞となった。つまり、誘惑の多い陸の世界を捨て、小魚となって水の中へ飛び込んだのである。

水面から覗《のぞ》き込んだキツネと一緒で、日本人から見ると、ユダヤ人はおかしな人々で、戒律中心の生活を送り、人生の楽しみを放棄しているように見えるだろう。

真面目なユダヤ人は仕事を一生懸命する。そして宗教活動では勉強もしなければならない。毎日、日曜日も朝昼晩の三回の祈りのためにシナゴーグに行き、金曜の夕方からは、シナゴーグのシャバットの祈りと同胞との会食に出、土曜日も朝から昼過ぎまでシナゴーグに通わなければならない。

「キッパ」と呼ばれる帽子（頭頂部に乗せるだけのものからシルクハットまで色々ある）を常にかぶらなければならず、毎朝の祈りの際には「テフェリン」という箱を頭につけ、左腕を革紐で

ぐるぐる巻きにする規則もある。

その他に厳重な食事制限がある。「カシュルート」という食事戒律に基づいて処理された「コーシャー」として認められたものしか食べられない。日本で口にできるものは野菜、穀物、豆とフルーツのみ。全く外食はしないし、異教徒の日本人と食卓を囲むことはない。ゴルフや映画、野球を見に行くことは絶対にない。そんな暇がないのだ。なので、ほとんどお金を使わないのである。

そうは言っても仕事上でどうしても会食やパーティに出ざるを得ないときは、ベジタリアン食を頼むことにしているが、それが選べない場合は、水だけしか口にできない。

もちろん、すべてのユダヤ人がここまで厳格に戒律を守っているわけではなく、もう少し自由に振る舞っているユダヤ人もいるし、全く守らないユダヤ人もアメリカには多い。しかし、私は超正統派のウルトラ・オーソドックスとして、こうした厳しい取り組みを実践している。

ユダヤ人になって、身に沁みてわかったことがある。自分が今までいかに多くの大切なことを観（目でみるのではない。心でみる「観」の字だ）ないで過ごしてきたかである。人間も小魚のようなものである。陸にいる人間（例えば日本人）は、預金通帳の数字とか、持っている株の上がり下がりとか、円高円安とか、快適に過ごすための家電製品とか、どこそこのレストランが美味いとか、目に見えるものに関心を向ける。ところが、見えるものばかり追いかけていると、そうしたものとは別の、目に見えない大切なものに囲まれて生きていることを忘れてしまう。私たちは、目に見えない大切なもの、つまり宗教、そして人々の絆、夫婦愛、家族愛、同胞愛などがなくては、魚が水なしでは生きられないように、生きてはいけないはずなのだ。

ユダヤ教が厳格な戒律で信者を束縛するのは、こうした目に見えないものを日々意識させ、それを大切にさせるためなのである。

ユダヤ人が目に見えないものとして大切にしているものがいくつもあるが、後で述べるように、特に大切なのは芸術、学問、音楽だ。

「戒律」を「よい機会」ととらえる

昔の私は、宗教活動を「意味のない迷信だ」と、関心を示さない人間であった。ところが今は、コペルニクス的な転換を遂げて、戒律を守らない生活をするほうが重大な過ちだと考えるようになった。

聖書の一節に、**「あなた方ユダヤ人は我慢しなければならない。私を忘れないために」**と記されている。「私」とは「神」のことだ。

今の日本人の生活はどうだろうか。やりたい放題、食べたい放題、テレビの宣伝に流され、消費活動に追われる毎日ではないだろうか。「水の中」から見ている私には、大切な何かを見失っているようにしか思えない。

今、世界ではあちこちで経済危機が発生、これからさらに、多くの人が「我慢」を強いられることになりそうだ。日本も例外ではない。しかし、私はこうした下降に向かう時代の流れはある意味で悪いことではないと考えている。不況時代の与えた「我慢」は、大切なものを思い出すための「良い機会」ではないか。

ウルトラ・オーソドックス派のユダヤ人並みにとはいかなくても、生活を節制し、消費を節約して、家族とゆっくり会話や議論を楽しみ、飲み歩いたり接待ゴルフに使っていた時間を読書や勉強に充《あ》ててみる。きっと忘れていた豊かな時間が取り戻せるはずだ。

日本人の友人は全員口を揃えて「お前は変人だ。ストイックにも程がある」と馬鹿にする。そういう日本人が先ほどのキツネだと私にはわかっているから反論の必要性すら感じない。

行動が変わると、心が変わり、自分が変わり、さらにそれによって行動が変わっていくという好循環が生まれるものだ。ユダヤ教でまず行動（戒律遵守）を求めるのは、こういった理由からなのだ。

グルメは死罪だ

モーゼに連れられてユダヤ人がエジプトから脱出したのは、約束の地カナンに入って良い暮らしをするためのはずであった。それが四〇年もの間砂漠の中で彷徨《さまよ》い、死ぬほどの苦労をしている。こんな苦痛を味わうためにエジプトを出たのではない、とユダヤ人たちは神に文句を言い出した。

「神さん、勘弁してくらっしゃい。四〇年近くも砂漠を彷徨っています。その間、水と食べ物だけは神さんからもらいましたが、いつも同じ食べ物ばかりやないですか。マナというつ食べても味が変わらん物ばっかり食べてまっせ。ああ、肉が食いたい、魚が食いたい、美味いものが食いたい。ワインが飲みたい、柔らかいパンが食いたい。神さん、何とかしてくれまへんか」

ユダヤ人の指導者モーゼは、これを聞いて蒼くなった。「これは神がお怒りになるぞ。このユダヤ人どもは大変なことを言っている。この馬鹿どもが」と思ったが、時すでに遅しで、この文句を聞いた神は烈火のごとく怒った。

「何だと、このユダヤ人ども。食事に関して文句を言うのか。贅沢な食事をしたいだと、ふざけるんじゃない」

そう言うと神は、史上最強の毒を持つ毒蛇を何匹もユダヤ人の群れに放たれた。毒蛇は食事に文句を言っていたユダヤ人に咬み付いた。何十、何百人というユダヤ人たちが毒蛇に咬まれて即死した。

これを見ていた生き残ったユダヤ人たちが、モーゼに懇願《こんがん》した。

「ああ、私たちが悪かった。食事に文句をつけて悪かった。生き長らえているだけで有り難いのに、いつもいつも同じ食事だと文句を言ってしまった。私たちは大変な罪を犯した。モーゼはん、何とか助けておくんなはれ」

そこでモーゼが神にとりなしたところ、「わかった」と神は言い、モーゼとユダヤ人たちに次のような指示を出した。

「銅を使って毒蛇を形作れ。咬まれた者はその銅で作った毒蛇に向き合え。そうすれば命を生き長らえるだろう。ただし、その毒蛇は、高いポールの先に置け、見上げるように置くのだ」

貧者のように食べよ——グルメに走る者は神を忘れる者

人生の目的とは

この説話は、ヘブライ聖書の一節を私なりに翻訳・意訳したものだ。

一つ前の「小魚と水」のところでも述べたように、ユダヤ教というのは、食事に関しては厳しい宗教だ。ヒンズー教もイスラム教も厳しいが、ユダヤ教の食事戒律はおそらく世界で一番厳しいだろうと思う。食事戒律が中心の宗教だと言っても過言でない。

その厳しさは、この説話にある通りである。エジプトを脱出して四〇年も砂漠を彷徨っているユダヤ人が、毎日毎日マナという一品のみを三食とも食べさせられ、あまりのつらさに食事の文句を言っただけで、神は毒蛇に咬み殺させてしまうのだ。

さらに、文句を言うユダヤ人に神の存在を教えるために、わざわざ禁止されている偶像（銅の蛇）を作らせて、それをポールの先の高い位置に置かせた。そして、それを「祈れ」ではなく、「見上げろ」と命じた。つまり、「上を見上げろ、その向こうには神がいるのだ」ということ。神の存在を、ユダヤ人たちはもう一度思い知れということである。

「そこまで食事制限して、人生何が楽しいんですかね。石角さん、死ぬときに必ず、ああ天丼食べたかったたって後悔しまっせ」

そんな読者の声が聞こえてきそうだが、私はちっとも後悔しない。美味いものを食べるために生まれてきたのではないことを知ったからだ。毎日同じものを食べることにも苦痛は全くない。戒律を守ることがいかに重要であるかを、このヘブライ聖書の一節で思い知っているからである。「我々はどこから来て、どこへ行こうとしているのか」というゴーギャンの絵があるが、そうした深いテーマを考えなくなる人生こそ私の後悔である。

私の住むスウェーデンのシナゴーグには、白血病で血液交換と抗がん剤の治療を受けながら、ふらふらになっても妻に支えられて出て来る友人がいる。「大丈夫なのか」と問う私に、彼はこう言った。

「シナゴーグに来てこうやって祈りを捧げ、トーラーの勉強をすること。それが私の人生の目的なんだ」

「Eat poorly, Think richly」の人間はこんなにも強い。

パラダイスを見つけた男

ある村に、粉屋の男が住んでいた。妻と二人の子どもがいて、来る日も来る日も一日中粉まみれになって働いていた。

そんな日々の繰り返しに嫌気がさし、もっと楽しいパラダイスがあるのではないかと、粉屋は考えた。

あるとき、粉を買った客と雑談をしていると、「旅に出て、夜、靴を枕元に置いて眠り、翌朝、その靴が向いている方向に歩くとパラダイスがある」という言い伝えが異国にあると聞いた。粉屋は、その言い伝えが本当のことのように思えてならなかった。

「パラダイスを探してみよう」

そう思った男は、ある日突然、妻にも告げず子どもも置きざりにして、パラダイスを探す旅に出てしまった。聞いた言い伝えの通り、夜になると靴を脱いで寝袋の枕元にそっと置いた。

朝起きると、小動物や風が靴を動かしていた。男は、靴が向いているその方向に歩き続けた。そして何十日も経った後に、ついに一つの村にたどり着いた。

パラダイスにしてはみすぼらしい村だった。村の中に入ると、見たことのある光景が広がり、聞いたことのある女の声と子どもの声が耳に入ってきた。

その家は粉屋で、門をくぐると、置いてきた妻と子どもにそっくりの母子が暮らしていた。男を見ると、その母子は「よく帰ってきたのね」と、温かく迎え入れてくれたので、「ここがパラダイスに違いない」と、男は確信した。

男は置いてきた妻と子どもには申し訳ないと思ったが、自分が見つけたパラダイスで一生暮らしていくことに決めた。

そして昔と同じように、来る日も来る日も粉まみれになって一生懸命働き、平和に暮らしたということだ。

幸せは単調な今の中にある――「あなたのいる場所」を大切に

今ある自分を見直す

この説話も「水と小魚」と同じ意味を持つ。働くのが面倒になり、本当に大切なものが見えなくなっていた男が、別の幸せを見つけに旅に出る。歩き続けて、そこでやっと見つけたパラダイスは、見なれた家で、そこには自分の妻と子によく似た親子が住んでいた。この男は新たなパラダイスを見つけたと思っているが、これはあきらかに男が住んでいた元の家である。とはいえ、この物語は男のバカさ加減を伝えたいわけではないだろう。この物語が伝えたいのは、本当に大切なものはすぐ傍らにあるということだ。

いろいろな宗教では、天国が美しく描かれ、誰もが笑って幸せそうに暮らしている場所としてイメージされている。仏教では成仏《じょうぶつ》して極楽浄土《ごくらくじょうど》に行くという。しかし、ユダヤ教では違う。本物のパラダイスは、死後の世界や別の場所にあるのではなく、あなたの今いる場所なのである。だから「今の生活、あなたの場所を大切にしなさい」と、この説話は諭している。

この話のように、ユダヤ教は現実の世界を肯定的に捉える宗教である。だからこそユダヤ教は、より良く生きるための実践的な知恵を膨大に残している。その知恵の源流にあるのは、「今生きている人生を、どう有意義に過ごすか」というウィズダムである。

大変な仕事、気の進まない人間関係、上司や同僚との軋轢《あつれき》、家族の不和など、ストレスフルな日々を送っていると、どこか別の場所へ逃げ出したくなる。しかし、今いる場所で解決できなかった問題が、別の場所であっさり解決がつくとは思えない。前述のレハレハとは全く違う。

不満だ、逃げたいと思う前に、今ある自分とその場所をもう一度別の視点で見直してみてはどうだろうか。ユダヤの格言で次のようなものがある。

「世の中には度を越すと毒になるものが八つある。旅行、恋愛、富、仕事、酒、睡眠、薬、香料である」

「人間には、六つの役に立つものがある。そのうち三つは自分ではコントロールできないが、残りの三つは自分の力で制御できる。前者は、目、耳、鼻で、後者が、口、手、足である」

目で見たもの、耳に聞こえるもの（ネット上の中傷、友人の悪口、上司の罵声etc.）から逃げるか立ち向かうかは、自分で制御できる口と手が決めるのだ。

八つの誘惑から少し離れ、違う思考で行動してみると、今まで見過ごしていた新鮮な世界が見えてくるものだ。

ヘブライの王の助言

ある村に、毎日のように自分の不幸を嘆いている男がいた。男の言い分はこうだ。

「オレの家は狭いうえに、子どもが四人もいて、おまけに女房が太っているので、自分は毎日立って寝なければならない。ひどい話じゃないか。こんな狭い家に住むオレほどこの世で不幸な人間はいないだろうよ」

この不満を聞いたヘブライの王は、男にこう命令した。

「おまえのその狭い家の中で、ニワトリを一〇羽飼いなさい」

王の命令に嫌々従った男は、こう不満を申し立てた。

「女房と子どもだけでも足の踏み場もないのに、ニワトリ一〇羽をそこで飼ってたら、私は糞にまみれて寝よと言うのですか。前よりも不幸になりましたよ」

これを聞いたヘブライの王は、さらにこう命じた。

「それでは、ニワトリ一〇羽に加えて、羊を一〇匹家の中で飼いなさい」

男は王の命令だから従ったが、国中の人間に向かって、自分は王の命令のおかげで世界で一番不幸な目に遭っていると、言い回った。

しばらくして、やっと王は「ニワトリ一〇羽と羊一〇匹は、家の外で飼ってよい」と命令を変えてくれた。

次の日、男は王のもとに、感謝の品々を持って駆けつけて、こう言った。

「私は大変幸せな男です。今や、私の家には家内と子ども四人、広々と暮らせるようになりました。ありがとうございます」

幸福と幸福感は別のもの——幸せの価値を見極める

Gross National Happiness」の意味を問う

この話も、「パラダイスを見つけた男」と同じで、今ある生活を大切にせよということだが、重要なことは、繰り返し繰り返しさまざまな説話に込めて人々に伝える。ある説話でなるほどと納得しても、その真理を深く体得するには時間がかかる。

また、自分に困難がふりかかったり、不満な気持ちが生じたときには感情が高揚し、考える力が弱まってしまうものだ。だからタルムードの教えは、人々が迷わないように具体的にさまざまな場面を想定し、同じ摂理《せつり》を何度でも説く。日本では龍安寺境内の蹲踞《つくばい》にあるように〝吾唯足知《われただたるをしる》〟と禅宗の四文字熟語で言うが、短かすぎてさっぱりわからない。子どもにわかるような噛み砕いた面白い説話でないと、家庭教育には使えない。タルムードの解説が膨大にあるのは、人間が迷ったり悩んだりする事柄がそれだけたくさんあるということである。

この説話にヘブライの王が登場するが、「ヘブライ」という言葉の語源は、「向こう側の人」「別の角度から見る人」という意味である。ヘブライ聖書が教えていることは、人間というものの本質をしっかりつかまえよということだが、それには物事を違った角度から見る訓練がいる。

ユダヤでは、不幸と不幸感、幸福と幸福感は、別のものだと教える。このヘブライの王と不満を持つ男のやり取りは、それをわかりやすくたとえたものだ。

ヘブライの王は、男に同じ家に住みながらさらに不満が募る体験をさせて、元の生活がどんなに快適であったかを悟らせた。

つまり、幸福も別の角度から見れば不幸感に包まれることもあるし、不幸なことも別の角度から見れば幸福感で満たされることもあるということだ。持てないことを不満に思い、物を欲しがる人は、今ある幸せに気づけない。

私が思うに、裕福な人間ほど不満が多く幸福感が持てない人が多い気がする。日本は裕福なのに、先進国の中では「幸福感を感じる度合いが低い」というデータがある。つまり日本人は「自分が不幸だ」と思っている度合いが高いということだ。とくに、自分が不幸だと感じる年代が低年齢化しており、二〇代以下の子どもたちが他国に比べて突出してそう感じている。小学生の自殺など、ユダヤでもイスラムでもありえないことだ。これはどう考えても大人の責任ではないだろうか。

特にテレビの責任は大きい。テレビは常に国民に、買っても買わなくてもいい新製品の映像を流す。買わないと時代遅れだと言わんばかりに映像を浴びせ続けると何が起こるか。子どもたちまでもがテレビの映像を幸福のスタンダードだと思うようになってしまうのだ。そして、それと同じでないと不幸だ、不満だと感じる。テレビの映像と自分とを比べ、同じような毎日でないと、自分は平均以下だと思うようになってしまう。テレビばかり見ているると、個性的な自分は何か（Who I am）を考えるようにはならない。「What I don't have」だけを気にして、テレビと同じようになれないと社会から見捨てられたと信じ込んでしまう。テレビも見ず、ヘブライ聖書中心の生活をしている我々ユダヤ人は、自分が惨めとは全く思わない。

二〇一一年にブータンの国王夫妻が来日して話題になったが、ブータンの国民は、世界で最も幸福度が高いという。ブータンでは、国民の多くが裸電球一本の貧しい暮らしをしているにもかかわらず、九割は「自分は幸福だ」と感じているという。バカなテレビ番組などがないことが大きいのではないか。

ブータンのワンチュク国王が提唱している「Gross National Happiness」（ＧＮＨ＝国民総幸福量）は、標語だけでない。「**貧しくとも、心が豊かであればそれなりの幸福感のある社会が実現できる**」という国王のメッセージは、ちゃんと国民に届いている。

「これからはＧＮＰではなくＧＮＨの時代だ」と言い出したのは、ワンチュク国王の父親である前国王だが、それが息子に受け継がれて、しっかりとその本質を語れるのは素晴らしいことだ。ＧＮＰのＰはProductつまり目に見える物質的なもの（主にテレビがそれを見せる）。これと目に見えないHappinessとは別ものなのだ。

なぜ今の日本に、率先して「Gross National Happiness」を提唱する人間が出てこないのだろうか。今のままでは子どもたちの将来がとても心配である。

母鳥と三羽のヒナ

鳥の巣が大嵐に巻き込まれ、このままでは巣もろとも三羽のヒナも地上に落下してしまう危険が迫っていた。母鳥は海を渡って安全な岸にヒナたちを避難させようと思った。

しかし、大雨と強風の中、一度に三羽のヒナは運べないので、母鳥は一羽ずつ運ぶことにした。

まず、一羽のヒナをくわえて、母鳥は大雨大風の中を巣から飛び立った。海を渡っている途中で、母鳥はヒナに尋ねた。

「子どもよ、お母さんは命がけでお前を助けようとしているが、お前はその代わりに何をしてくれるのかい？」

「お母さん、こんな大嵐の中で、そんなこと考えている余裕はありません。とにかく私を安全なところに運んでくださいな」

その答えを聞いた母鳥は、そのヒナをパッと海に落としてしまった。

母鳥は巣に戻ると、次のヒナをくわえて、嵐の中を安全な対岸へと飛び立った。そしてまた母鳥はヒナに同じことを聞いた。するとそのヒナ鳥はこう答えた。

「お母さん、まず私を安全なところに運んでください。そうすれば必ず私は毎日食物を運んで来て恩返しをしますから」

それを聞いた母鳥は、そのヒナもパッと海に落としてしまった。

母鳥は再び巣に戻ると、最後のヒナを口にくわえて、安全な対岸へと飛び立った。風雨の舞う海上を飛びながら、母鳥が同じことを聞くと、そのヒナ鳥はこう答えた。

「お母さん、私はお母さんが私にしてくれたことを、必ず私の子どもにもするつもりです」

これを聞いた母鳥は、このヒナを安全な対岸に無事送り届けた。

教育とは「教育することを教育する」ことだ——ユダヤ式教育の真髄

最初に義務教育を行ったユダヤ人

この説話は、日本人が読むとやや残酷に感じるかもしれない。母鳥の取った行動が厳しすぎると。この話を初めて聞いたユダヤの子どもたちも「怖い」と感じるだろう。

ユダヤ人は、親から子へとユダヤの教えを受け継いでいくことを、最も重要なことと考えている。このことが重要だからこそ「怖さ」とともに、子どもたちの心にしっかりと残すための説話なのだ。

ユダヤ人は自分の命を絶対あきらめないと述べたが、命は永遠ではない。寿命で尽きる場合もあれば、病気や事故で失うこともある。自分がもうだめだと悟ったときは、次の世代に託す。そうして五〇〇〇年もの間、ユダヤの教えを受け継いできたのである。

ユダヤ教では自分の人生だけを考えていない。自分の子どもや孫のことも判断に含めて、物事を考える。ヘブライ聖書の記述にもこうある。

「努めてこれをあなたの子らに教え、あなたが家に座している時も、道を歩く時も、寝る時も、起きる時も、これについて語らなければならない」（申命記六章七節）

「これ」とはユダヤ教をさす。

世界で一番初めに義務教育を行ったのは、ユダヤ人である。すでに紀元前から、ラバイを教師にして勉強することが行われていた。紀元二世紀頃にできたタルムードには、「ユダヤ人が一五〇人いるところには、一人の教師がいなければならない」と書いてある。

ユダヤ人はその世代の最良の人物をラバイにしてきた。ラバイは、タルムードの説話中にもよく登場し、示唆に満ちた言葉を語る。ラバイになるには一〇年以上の専門教育が必要で、知力はもちろん人格的にも素晴らしい人間がラバイになる。世にいうPh.Dの学位に等しい。今ではラバイは週一回シナゴーグで勉強会を開くが、その他にユダヤの家庭では週一回の割合でラバイを家に招き講義してもらうホーム・セミナーも常識だ。私に「神の視点で考えよ」ということを教えてくれた、ヘンリー・ノアさんもその一人である。

ノアさんに限らず、どのラバイも大変なインテリであるだけでなく、話し上手、聞き上手で、説教の面白さでも聞く人を魅了する。笑いの中で知的好奇心を刺激し、押し付けることなく人に興味を持たせる。こうした教える力に私が感嘆すると、ノアさんは「ラバイなら誰でもできること」と返事をした。

ラバイによる教育の仕組みを作ることで、ユダヤ人たちは知恵を継承し、何世代も前の記憶を残し続けることができたのである。

「語り継ぎ、教え継ぎ」の教育

その一方で、ユダヤ人は特に家庭での教育に力を入れてきた。古代から女性は差別されることが多かったが、ユダヤではそのようなことはなく、権利面で差別されることはなかった。私たち男は、毎日働き、シナゴーグで宗教活動し、ヘブライ聖書を勉強するなど、いろいろやることがあって大変だが、女性はそのほとんどの義務を免除されている。それどころか、古代から子どもの教育のために、女性の地位は高かったのだ。聖なる日シャバットの祈りの中には、女性礼賛の祈りがある。

これは余談だが、**「男の嘘は許されないが、女の嘘は許される」**という特権さえ与えられている。聖書にもあるように、アダムとイブが禁断の木の実を食べたとき、神の咎《とが》めに対し、イブは自分の判断で食べたのに「蛇が食べても大丈夫と言った」と嘘をついた。しかし、この嘘を神は赦している。罪は木の実を食べたことに対するものだけで、女性が自分の身を守るためにつく嘘は許される、ということになったのである。

アメリカの俗語に、「ジューイッシュ・マザー」という言葉がある。日本で言う「教育ママ」の意味で使われるが、東大受験のために子どもの勉強を叱咤激励するのとは違う。日本のように塾とお稽古事に子どもをゆだねることもしない。家庭での勉強を大事にする。特に二～三歳から五～六歳までの家庭教育に母親が決定的な役割を担う。さらにどの国のシナゴーグでも子ども向けの教室があり、ユダヤの母親が先生役を分担している。そこには男親も参加する。ユダヤでは、教育そのものが宗教の重大な要素なのである。教育熱心な母親が、ユダヤの多くの偉人を生み出してきたのだ。あのイエスもそうしたユダヤ人の一人だ。

こうしたユダヤの家庭や、シナゴーグでのコミュニティーは、「砂漠に立つ葉の繁った樹木」にたとえられる。その木陰に守られながら子どもたちは育っていく。その子どもたちが、大人たちに聞く。

「私たちを守ってくれた皆さんに、何をすればいいですか」

すると、ユダヤ人の親たちはこう答える。

「君たちが大人になったとき、**子どもの頃に自分がしてもらって良かったと思う同じことを、自分たちの子どもにしてあげなさい**」

こうして、お金ではない価値が次の世代に伝わっていく。タルムードの説話の意義は、まさにこの語り継ぎ、教え継ぎにあるのである。ここから、「教育することを教育する」、ユダヤ式教育に関しての説話をいくつか紹介していこう。

一〇個のクッキーの与え方

一〇個のクッキーを子どもに与える場合は、次のように行うべきである。

最初の日に一個、二日目に二個、三日目に三個、そして最後の日に四個与える。そのようにすれば、子どもは楽しみで期待に胸を膨らませていくようになる。

次に最初に全部与える方法、あるいは最初に四個与え、次の日に三個というように減らしていく方法も教えることだ。

こうして複数の与え方を示した上で、「最初にいいことがあるのと、後にあるのとどちらが良いか」と、聞いて欲しい。

子どもは「後からいいことがあったほうがいい」と答えるようになる。

子どもに苦労を教える——人生は良い時ばかりではないという教育

小さな苦労、小さな我慢を体験させる

これは、母親向けに言い伝えられている、ユダヤの子どもへの接し方だ。ユダヤ人は、常に「人生は良い時ばかりではなく、苦境の方が多い。特に若い時は苦労が多い」という見地から教育する。

たいていの日本の子どもは、何不自由なく暮らしている。社会で貧困が問題になってはいるが、全体から見れば貧困層は限られている。親からケータイやゲーム機を与えられて、冷暖房の効いた自分の部屋を持っている子どもも多い。しかし、それは親か祖父の財力だ。子や孫の代になったらどうなるかわからない。日本でも「売家と唐様《からよう》で書く三代目」という川柳がある。子どもの時に贅沢をさせていると、親の財力が切れた時に子どもに耐久力がないからガタガタになる。日本自体がこの三代目になっていないだろうか？

私の仲間のウルトラ・オーソドックスのユダヤ人の子どもたちで、小学校からケータイを持っている例は全くない。それに対して不満を持つ子どももない。最初から苦労なく与えられるよりも、耐え忍んだ後にいいことがあったほうが喜びも大きいという教育が行き届いているからだ。

幼い子へのお菓子の渡し方でも、教育が行われる。ユダヤの教えは、本当に具体的で実践的だ。どうすればそれが可能か、ちゃんと指示が出ているのだ。だから、最初にたくさんお菓子をもらうよりも、楽しみで期待が高まった分、後からたくさんもらうほうがずっと嬉しいと、子どもたちは自然に納得する。そして、人生は不幸なこと、つらいこと、耐えることから始まるほうが良いと、教わるのである。

日本にも昔は、子どもに苦労を教える教育があったはずである。欲しがるものをすぐ買い与えるのではなく、こうした「小さな苦労」「小さな我慢」を体験させるのも、子どもたちの生きる力を育てることになる。日本のように塾任せの受験勉強ばかりさせていると、最悪の場合は、「泥棒を捕らえてみれば我が子なり」、よくて「唐様で書く三代目」になりかねない。ユダヤのようにしっかりと、子どもに道徳や倫理を教育することを教育しないからだ。

鶏の卵の運び方

ユダヤの母親が、子どもに「鶏小屋に行って、鶏の卵を取っていらっしゃい」と用事を言いつける。子どもは、鶏小屋に行って、両手に一杯の卵を抱きかかえて台所に戻ってきた。

母親は、「どうして両手に一杯の卵を持ってきたの？」と聞く。

子どもは「だって一回で済むもん」と答える。

すると、ユダヤの母親はこんな質問をする。

「一回で済んでも、もし途中で転んだら卵は全部だめになるわよ。全部卵をだめにしないためにはどうすればいいの？」

子どもは次の朝また同じ用事を頼まれて、今度は二度に分けて卵を運んで来た。一度に運ばず、二度往復したのである。

「いい子ね、よくできましたね」母親は子どもをほめて、甘いお菓子を与える。

子どもに教えるリスク分散——答えは子ども自身に見つけさせる

「一点集中型」VS.「リスク分散型」


第二章では「キツネと葡萄畑」の話で、リスク・コントロールとリスク分散の話を述べたが、ユダヤでは常にリスク分散を子どもたちに教える。

説話で言って聞かせるだけでなく、これは子どもに実際に行動させる実践編だ。ユダヤの母親は、何もヒントを与えずにまず行動させる。そして子どもの取った行動に「なぜそうしたの？」と質問する。「ＷＨＹ」を示して考えさせる教育である。

ユダヤの母親が一番多く子どもに投げかける言葉は「ＷＨＹ」という質問である。だからユダヤの子どもは「考えぐせ」がつく。日本の母親が一番多く子どもに投げかける言葉は「ダメ」という断言である。だから日本の子どもは「考えないぐせ」がつく。

母親のＷＨＹで、子どもは自分が卵を全部割ってしまうかもしれないリスキーな行動を取ったことに気づく。「じゃあ、どうすればいいの？」とまた母親が質問する。答えは教えない。自分で答えを見出せなければ、教えは身につかないからだ。

子どもは一生懸命考えて、どうしたらリスクを最小限にするかを工夫する。よい答えを見つけて行動できれば、母親からほめられ、甘いお菓子をもらえる。こうしてユダヤの子どもたちは小さい時からリスク分散を覚えるのである。

ここに日本とユダヤのまったく別の発想の「家訓」がある。

「三本の矢は束ねれば折れない」（毛利《もうり》元就《もとなり》）

「五本の矢は一本一本バラバラにせよ」（ロスチャイルド家家訓）

毛利元就の三本の矢の話は、一本では折れやすいが、三本束ねれば折れないから三人兄弟力を合わせよという例としてしばしば語られる話である。さて、ロスチャイルド家の五本の矢の話は、毛利とはまったく逆の発想である。三本束ねても、それをまとめて折ってしまうほどの災難や事件が起こった場合はどうするのか。ロスチャイルド家の家訓は、そうしたリスクを最小限に減らすために、五本の矢をバラバラにせよと教える。日本の「一点集中型」とは逆の「リスク分散」の考え方である。

ロスチャイルド家は欧州のユダヤ系財閥だが、その創生は一八世紀にさかのぼる。ロスチャイルド財閥の創業者には五人の息子がいた。ところが家長の父親は、息子たちと一緒に暮らすことはしなかった。五人全員を一カ所に集めるのはリスクが大きすぎると考えて、あえて各地に分散させた。

五人は、ドイツのフランクフルト、オーストリアのウィーン、イギリスのロンドン、イタリアのナポリ、フランスのパリと、ヨーロッパ全土に分散させられた。こうすることで、ロスチャイルド家の存続を図ったのである。

どこかの国でユダヤ人に対する迫害があっても一人は生き残れる。あるいは二人は生き残れる。どこかの国で戦争があっても、戦争に巻き込まれていない国に住む他の兄弟は生き残れる、というリスク分散の考え方だ。この鉄則を守ってユダヤ人は生き延びてきたのである。

ロスチャイルド家のモットーは、勤勉と正直と調和である。なお、ロスチャイルド家は二〇〇八年に起きたリーマン・ショックによる被害の波は被っていないと聞く。このロスチャイルド家は今でも同族会社を貫いており（二〇一〇年に同族以外の人間がCEOとなったが、経営と所有が分離しただけで、株主支配権は依然ロスチャイルド家にある）、株式を全く公開していない。公開すれば「マーケット」という魔物に取り憑《つ》かれるからだ。

日本の親はことあるごとに「兄弟姉妹力を合わせて」と言う。しかし、地理的に子どもたちが一カ所に集中すると、天災時などに全員死亡というリスクがある。事業も、子どもたち全員が同一会社で働いていると、倒産したときには全員がホームレスになる。

どんなに頑丈な矢を束ねても、折れることはある。そのリスクを承知し、対策を立てている者が、生き残れるのである。

愚かな農夫

あるところに愚かな農夫がいた。耕作用の牛と、荷物運搬用のロバに同じくびき（車を引くために使う横木）をつけて、牛とロバを一緒に進ませようとした。しかし、牛とロバは足並みが合わず、歩みを止めてしまった。

農夫は「なぜ二匹とも動かないのだ」と怒り、牛とロバを鞭《むち》で打ち続けた。そのために、牛もロバも死んでしまい、新しく買わなければならなかった。

それでも農夫は、自分の間違いに気づかず、牛とロバに同じくびきをつけ、鞭打ちをやめなかったので、生涯貧しい暮らしから抜けられなかった。

うある。

人と違うようになるための教育

これは古代からある説話で、子どもを一律に教育しても、決してうまくいかないことを教えている。ヘブライ聖書では、子どもの一律教育、護送船団方式の教育を禁じている。個性が封じられてしまうからだ。教室教育の弊害をユダヤ人は嫌というほど知っている。ユダヤの教育は、一人一人の個性を伸ばすマン・ツー・マン教育だ。聖書の記述にはこうある。

「牛とロバとを同時に一つのくびきにかけ、鋤《すき》を引かせてはならない。ウールと亜麻糸を混ぜて布を織ってはならない」（申命記二二章・一〇～一一節）

牛とロバに同じくびき（一律教育）をはめても、うまく畑を耕せないどころか、二匹とも疲れてしまう。大きさも力も異なる二匹の動物を同じように扱ってはならない。日本の教育はまさにこのたとえに合致しているのではないだろうか。一律教育が基本の日本では、一科目だけ得意で他の科目は全然ダメという子どもより、平均的に点を取っている子どものほうが評価される。一科目だけ優秀でも他が赤点なら、「落ちこぼれ」のレッテルを貼られてしまうかもしれない。こうした一律の偏差値教育で評価する風潮は、どんどん子どもたちの個性を殺していく。それぞれの子どもに合った教育をしようという発想になっていないのだ。

どうして全科目を教える必要があるのか。算数が好きな子は算数だけを、国語が好きな子は国語だけを重点的に教えるべきだ。私は、アメリカの公的資格を持つ教育コンサルタントとしても活動しているが、日本の教育システムは世界最悪かつ世界最低だといつも思う。全科目を無理やり教えて、その総合成績の偏差値で生徒を評価するのは、一〇〇%間違っていると思う。教育とは、子どもが才能を開花させ、人生を楽しむためにあるのであって、偏差値のためにあるのではない。

イギリスの偉大な自然科学者チャールズ・ダーウィンは、小さいころは全く学校の科目をやらずに生物観察だけをやっていたという。そして、生物学科専攻でケンブリッジ大学に入り、あの有名な「種の起源」によって生物学史上に金字塔を打ち立てたのである。スティーブ・ジョブズの伝記を読んでみるがいい。彼はいわゆる受験秀才どころか、落ちこぼれ、ドロップアウトだったのだ。

日本人がノーベル賞を取ると「やった、やった」と大騒ぎをするが、過去の受賞者の多くが、個性を尊重する海外の大学や研究機関での研究成果で受賞しているのだ。大卒の優秀なエンジニアがウジャウジャいる日本の家電メーカーが寄ってたかってもアップルのiPhone、iPadのような商品を世に出せなかったではないか。

知恵は誰にも奪えない

ユダヤ人の親たちもそうした個性の萌芽を伸ばそうと教育に励む。今のアメリカの教育は、トップレベルでは、子ども一人一人の個性を認め、それぞれに合ったオーダーメイドの教育をすることを理想としている。ユダヤでは、その役目を親がするのである。学校教育には、役人や国の方針が入って画一化されやすい。ユダヤ人が家庭教育にこだわるのは、子どもに合った教育を与えられるのは親しかいないと考えるからだ。

ユダヤでは一対一の家庭教育が中心となり、子どもの学習スタイルは一人一人違う。人と違うことを日本人は嫌うが、人と違うことは最もユダヤ的なことなのである。こうした教育が、偉大なノーベル賞受賞者を次々と生み出している基盤になっていると私は思っている。

ユダヤ人がここまで幼児教育に熱心なのはなぜか。それはもうおわかりだろう。ユダヤ人には常に迫害の危険があった。お金や物、不動産などの目に見える財産は、使えばなくなり、土地や建物は権力者に奪われる危険がある。安心して残せるのは、しっかりした倫理観、道徳律と人生を切り拓いていく知恵だけであった。世代から世代へ、母親から子どもへ、子どもから孫へと伝えられるゆるぎない価値観、倫理観、それが財産なのである。

教育によって伝えられた目に見えない財産は、誰にも奪うことはできない。相続税もかからない。だからユダヤ教では、教育と知恵の伝承を大切にしているのである。

メロディーを買った青年

ある村に裕福な家庭に育った娘がいた。娘の両親は熱心なユダヤ教徒だった。結婚適齢期になったので、娘の両親は良い婿がいないかと探していた。隣村に裕福ではないが、真面目《まじめ》できちんとした両親に育てられた青年がいた。その青年はヘブライ聖書をしっかりと勉強し、毎日シナゴーグに通う、立派なユダヤの若者だった。娘の両親も青年を気に入り、結婚話がまとまった。

娘の両親は、その青年に、結婚式の道具を市場で買うための、支度金を与えた。青年は買出しのために市場へ向かった。

すると、市場に行く途中の道で、美しいメロディーが聞こえてきた。どこから聞こえてくるのかと行ってみると、羊飼いの牧童がハープ（竪琴）を奏でていた。

青年は「そのメロディーをぜひ教えてください」と、牧童に頼んだ。その牧童は「一〇〇シュケルくだされば教えましょう」と言った。一〇〇シュケルは大金だったが、青年はお金を払ってそのメロディーを買った。

その後、市場で買い物をしようとしたところ、青年は先ほど買ったメロディーを忘れていることに気がついた。青年はもう一度引き返して、牧童に「もう一度教えてください」と頼み込んだ。

牧童は「いいですよ。一〇〇シュケルです」と言ったので、また一〇〇シュケル払ってメロディーを買った。

買い物の帰り道で、今度は別のメロディーが聞こえてきた。同じ牧童が奏でていた。同じ曲にまだ続きがあったのである。そこで青年は牧童に「さっきの曲の続きを教えてくださいますか」と頼んだ。ところが青年は買い物でお金を全部使ってしまったことに気づいた。そこで青年は、「じゃあ、一〇〇シュケルの代わりに、私の買った婚礼の道具を差し上げます」と言うと、牧童は「いいですよ」と言って、曲の続きを教えてくれた。

婚約者の家に戻ると、娘の両親は「どんなものを買ったのかい？」と青年に聞いた。青年はメロディーを買うためにお金を使い果たしてしまい、家財道具は買っていないと説明すると、婚約者の両親は怒るどころか逆に「それでこそ娘の結婚相手に相応《ふさわ》しい」と大いにほめ称《たた》えた。

青年は自分の竪琴を工夫して作り、そのメロディーを演奏し、また多くの人にも教え、その曲で多くの人が幸福な気持ちになった。

そうして年月が過ぎ、青年も年をとって天国に召されたところ、なんと天国でそのメロディーが奏でられていたのだった。

青年の魂は、最高の安らぎを与えられることになった。

「形のないもの」に目を向ける——知的価値は物的価値に優《まさ》る

映画はユダヤ人とともに発展した

このユダヤの若者が買ったメロディーは、音楽、美術、演劇、舞台芸術、バレエなどの文化芸術活動や学問をたとえたもので、そうした知的・精神的活動は、金銭や道具、つまり物質的なものよりも価値があることを示す、ユダヤの非常に有名な説話である。

ここではメロディーだが、青年がお金を払う対象を物語やダンスにするなど、この話にはいろいろなバリエーションがあり、世界各地のユダヤ人の母から子へと語り継いできた。説話の青年は、メロディーという「形のないもの」に、自分の婚礼道具を買う大切なお金を使ってしまった。それによって婚礼が破談になってしまうリスクがあったが、娘の両親にほめられたうえ、最後には神から最高の安らぎを与えられる。子どもたちは、こうした話を聞いて芸術への関心を高め、「形のないもの」の価値に気づいていく。

音楽の世界は、演奏家からそれをビジネスにするプロデューサーまで、ユダヤ人だらけである。音楽、美術、演劇、そして映画も万国共通で人を感動させる。オペラにはヘブライ聖書に題材をとったものもあり、音楽こそユダヤ人に近い芸術といえる。

日本ではあまり知られていないことかもしれないが、映画はユダヤ人とともに発展してきた歴史がある。映画会社は今でこそ乱立しているが、かつては七大映画会社の影響力の強い産業であった。その映画会社の創業者がすべて東欧からのユダヤ人移民一世、二世だった。メガヒットの「ジョーズ」を作ったユニバーサル映画は、ドイツ系ユダヤ人のカール・レムリ（一八六七〜一九三九年）が創業者である。同じくメガヒットした「インディー・

ジョーンズ」シリーズを作ったパラマウント映画の創業者のアドルフ・ズーカー（一八七三〜一九七六年）は、ハンガリー系ユダヤ人。その他にも20世紀フォックス、メイヤー、ワーナー・ブラザーズ、コロンビア・ピクチャーズ、現在はＭＧＭに吸収されたがユナイテッド・アーチスツの創業者もユダヤ人である。かのスティーブン・スピルバーグ監督も、もちろんユダヤ人だ。ハリウッドの有名なスターたちの多くもユダヤ人だ。

　ユダヤ人が映画に関心を向けたのは、もちろん「ビジネスになる」という先見があったことも確かだが、ユダヤ人の文化に自信を持ち、これを広めることで移民たちへの娯楽を提供したいという志があった。しかし、多くの人々に映画という楽しみを知ってもらうために、映画の内容ではユダヤ色、宗教色は極力抑えるようにした。それが功を奏して、安い値段で楽しい娯楽を提供する映画は、世界中に広がり、人々を楽しませる存在になった。

　音楽、芸術、映画など「形のないもの」の価値を称えながら、それをしっかりビジネスに結びつけているところが、いかにもユダヤ的ではある。しかし、知識や精神的活動など、人が求めるものは、どんなものでもビジネスにつながっていく。広い教養を持ち、新しいことを学び続けるユダヤ人の生活態度は、ビジネスへの適切な判断を生み、それがビジネスの成功へと導いているのである。

村人の三つの願い

ある村に、貧しいけれど敬虔で慎ましやかに暮らしている夫婦がいた。その夫婦の元に、預言者エリジャが貧しい身なりで現れた。エリジャが一杯の水を乞うたところ、その夫婦は、「さぞかしお困りでしょう。お茶と一緒にパンをぜひ食べていってください。よければ今夜の夕食もいかがですか」と、家に招き入れた。そして夕食には、可能な限りの料理を作ってエリジャをもてなした。

夕食の席で、預言者エリジャは、その村人夫婦に「お礼として、三つの願いを叶えましょう」と言った。夫婦は喜んで「家があまりにも狭く小さいので、できれば大きい家に住みたいです。また、服装もあまりに貧しいので立派な服が着たいです。それに、貧乏で暮らしが大変なので金貨も欲しいです」と言った。

翌日、夫婦が目を覚ましてみると、自分たちの住んでいる家は、みすぼらしい小屋から、広々とした庭に囲まれた大邸宅に変わっていた。着ている服はすべて豪華な衣服に、そしてあり余る金貨が机の上に置かれていた。エリジャの姿は消えていた。

三年後、預言者エリジャはまたその村に戻ってきた。今度も非常に貧しい姿だった。そして、あの村人夫婦を訪ねると、家には高い塀《へい》が張り巡らされて、門番が番犬を連れていた。エリジャが「一杯の水をください」と言うと、この門番は「お前のような者にやる水はない」と言って、犬をけしかけようとした。

犬の吠える声を聞いて出てきた家の主人は、エリジャの貧しい姿を一目見ると、「さっさと立ち去るがよい」と言って、くるりと背を向けて、家の中に入ってしまった。

エリジャは、「金持ちになると、貧しい者への配慮をすっかり忘れてしまった。貧しいときには優しい心を持っていたのに、何ということか」と言うやいなや、一度は叶えた望み三つをすべて取り上げてしまった。

翌朝起きると、村人夫婦は、また小さな小屋に、ボロ着をまとって、金貨一枚もない生活に戻ってしまった。その後も夫婦は生涯貧しいままだった。

今も生きる助け合いの精神——持続してこその相互扶助

三・一一で日本人は変わったか

ユダヤ人の「ツェダカ」（寄付）の習慣は一章ですでに述べたが、「貧しい者に手を差しのべよ」という教えは、ヘブライ聖書のあちこちに書かれている。この物語も母親から子へと語り継がれ、貧しい人や弱い人を救うことを、しっかりと教えるのである。

ユダヤでのツェダカは、手取り収入の一〇分の一なので、かなりの高額になる。日本人の生活で言えば、年収四〇〇万円で手取り三五〇万円なら三五万円を一年間に寄付する計算になる。さらに年収が低い場合を考えると、かなりの負担である。

それでも、良きユダヤ人は寄付をする。世界各地にいる私の知人のユダヤ人も、寄付、そしてコミュニティー活動、ボランティア活動への参加は当然のこととなっている。私の妻もユダヤ人となったが、自費で毎週のようにニューヨークや全米各地の病院、老人ホームで、オペラ、ミュージカル、ポップスなどの歌を歌っている。交通費などすべて自弁だし、そのために費やす時間は、彼女の自由時間の三分の一を超えている。

ユダヤ社会は貧しい人々をボランティアが協力して支える。ユダヤ人は勤勉なので、そうした援助を受けても、いつまでも他人の世話になりたがる人はいない。他人への依存や甘えは宗教上許されない。しかし、どうしても仕事がなかったり、あるいは病弱で仕事ができないために、貧困に苦しむ人はいる。

私が仕事で何度か行ったスペインのバレンシアには、ユダヤ人コミュニティーがある。そこに、かつてナチスのホロコーストで家族、親族をすべて殺されたという凄惨な過去を持つ天涯《てんがい》孤独《こどく》のお婆さんが住んでいる。もう九〇歳を過ぎて体の自由がきかず、介護が必要になっていた。

このお婆さんの面倒を、ラバイの斡旋《あっせん》を受けた若いユダヤ人四人がボランティアでローテーションを組んで見ているのである。お婆さんのところに毎日通って、掃除と食事の手伝いをする。もちろん無料奉仕だ。こうしたユダヤ人の助け合い、相互扶助はどこの都市でも共通して見られることだ。こうしてユダヤ人は同胞と助け合って生きてきたのだ。

日本は他の国に比べてこれほど豊かな国なのに、震災があろうがなかろうが毎年年収の相当な部分を社会に還元しようという継続的永続的な寄付文化は全くない。これはユダヤ人から見ると非常に残念だ。

日本に根付かない寄付文化

日本の寄付の金額はアメリカに比較すると、経済規模の差を差し引いても三〇分の一に過ぎない。バブル期にはフィランソロフィーといって企業が芸術に金を出したが、今ではパッタリと止まった感がある。そのくせプロ野球という単なるコマーシャリズムに大金を投じる企業は後を絶たない。日本とユダヤは全く違う方向を向いている。

欧米では、有名な美術館、また財団など、富豪が設立したものがたくさんある。倒産こそしたがユダヤ系のリーマン・ブラザーズは、世界のオペラの殿堂、ニューヨークのメトロポリタン・オペラ（通称メト）の最大の支援者だった。音楽の殿堂カーネギー・ホールはアンドリュー・カーネギーが当時の金で三五〇億円（今だと七〇〇〇億円相当）を出して建てたもの。世界の芸術の殿堂メトロポリタン美術館はリーダーズ・ダイジェストの経営者が四五〇億円を拠出している。マイクロソフトのビル・ゲイツや投資家のウォーレン・バフェットの巨額寄付（数兆円規模）は有名である。私が日本の代理人をしたマイケル・ジャクソンは、生前五〇〇億円を各方面に寄付した。

また、ニューヨーク市長のユダヤ人、マイケル・ブルームバーグはジョンズ・ホプキンス大学に三〇〇億円、ユダヤ人投資家ジョージ・ソロスは六〇〇〇億円を、同じくユダヤ人でジーンズで有名なリーバイ・ストラウスも数百億円を各方面に寄付している。アップルの共同創業者のスティーブ・ウォズニアックに至っては、何と全財産を彼の住むロス・ガトス市の各学校に寄付してしまった。アメリカとは税法も違うが、それにしても日本人は「困った人を助けるのはお上の役目」という意識が強すぎるのではないだろうか。

ツェダカには、富める人が、その富を得る際にお世話になった人たちに恩返しをするという意味もある。実際にその人たちにお金が渡るわけではないが、いわば社会還元である。あるいは神が作られた地球を自分たちが汚している。だから少しでも地球の環境がよくなればと、環境保護のための寄付をする。そうして人のためにお金を使えば、やがてまたそれは自分に返ってくるというのが相互扶助の考え方だ。

ユダヤ人の母親が自分の子どもに小銭を渡して、「物乞いの人に渡していらっしゃい」と言ったり、「さあ、募金箱に入れていらっしゃい」と教える場面を、私は何度も見ている。いつもしていることなので、その姿はとても自然だ。自分のお金を人のために使ったり、困っている人の面倒を見るのは当たり前だと考えているのだ。

イスラムでは寄付の文化はユダヤと同じぐらいに社会に根を下ろしている。ヨーロッパもアメリカもキリスト教文化の下で寄付はよく行われる。ニューヨークの地下鉄では、物乞いが車両から車両へと渡り歩いている。わざわざ財布を開けて小銭を渡す人が多い。早くどこかへ行ってもらわないと臭くて仕方ないという面もあるにはあるが、寄付文化は地下鉄の中でどっこい根付いているのである。ユーロ・スターのパリの北駅でも物乞いは多い。

ユダヤ人の多いシンガポールには、大富豪が寄付をするのに世界のどこの誰に寄付をすれば良いかを相談に行く、銀行のフィランソロフィー部門やコンサルティング会社がある。私も私の妻も、アメリカ、ヨーロッパでは、小銭がないときはスーパーやデリでクレジットカードを使ってわざわざ食料品を買い、外で待っているホームレスの人に毎回渡すことにしている。

収入がなくて家賃も払えず、ガス・水道・電気を止められる人は日本でも多くいる。そんな人が住まいを追い出された場合、どうするか。住民票がないと生活保護は受けられない。生活保護というセーフティネットからもはずれた人が、それでは物乞いで生きていけるかというと、日本はそのような社会ではない。日本独特の「恥」の文化がそれをさせないのか、警察が規制するのか？　それとも、ホームレスの人への一部の若者たちなどの暴力的な振る舞いが、物乞いという行為を怖気づかせるのだろうか。

相互扶助の文化と精神が日本にも根づけば、同じ貧困でもその内容がずいぶん違ってくるのではないだろうか。少なくとも、孤独死や自殺者は減るのではないかと思う。

「どんなに裕福な金持ちであっても、
助け合いの心を持たない人間は、
豪華な料理に塩がないのと同じである」

――ユダヤの格言

あとがきにかえて

お金、ビジネス、子どもの教育、そしてさまざまな人生の試練をどう切り抜けていけばいいのか、タルムードの説話に沿ってユダヤの考え方と実践的な知恵を紹介してきた。ユダヤの説話や格言は、庶民の一人ひとりが豊かで幸せな生活を送れるように、具体的な手ほどきに満ちている。これに対して日本には、痩せ我慢を強いたり、権力者に対する自己犠牲を美化したりする格言や説話が多いように思える。日本の格言や説話をその通り実行していたら、庶民は不幸せになり、権力者（政治家や官僚）だけが豊かになるのではないか。

私はこの違いに気づいて愕然《がくぜん》とした。これからの日本人には、ユダヤのタルムードの知恵に学び、庶民から金を取り上げようとしている権力者の悪を見抜き、企みを見破り、しっかりと自己防衛して欲しい。ユダヤの現実主義を知っていただき、一人ひとりが自分の幸せをみつけるために本書を役立てて欲しい。これが、本書の執筆の動機である。

良き仲間や家族に恵まれ、幸福な人生を送りたい。そう考えるのは万国共通の人々の願いだろう。では幸福とは何なのだろうか。本書でも繰り返し述べてきたが、ユダヤでは、五〇〇〇年の歴史の中で、金銭的・物質的に満たされることと幸福（Happiness）とは関係ないと教えて来た。ユダヤの教えでは幸福とは幸福感のことだ。ある人が不幸と思っていることでも幸福感を感じる人はいる。要は心の問題なのだと教える。本書で紹介した説話の数々は、人を悩ませ落ち込ませる不幸感をどうすれば幸福感に変えられるか、そのヒントを手を替え品を替えて人々に諭したものだと言っていい。

本書の最後のまとめとして、ユダヤ教が教える、心の底から人生を楽しみ、幸福感を感じるための実行集を紹介しよう。

人をほめること

人に認められほめられることほどその人に幸福感を与えることはない。されば、人にほめられることを単に待つのではなく、自分から人をほめてみよう。そうすれば、少なくともその人に幸福感を与えることができる。ユダヤでは、人に幸福感を与えることは自分に幸福感をもたらす一つの善行であると考える。「アレヌ　レシャベア」といい、他人をほめることは一種の義務であるとすらいう。

まずは、あなたにとって一番身近な存在である妻、夫、そして何よりあなたの子どもたちをほめることから始めてみてはどうだろうか。

自分がなぜ生まれて来たか、を考えること

自分が死んだあと残された人々が自分に対しどう言ってくれることを望むか、ということを考えること。そうしないと、いくら働きずくめで働いても何のために働いているかがわからなくなり、結局不幸感が襲ってくることになる。

なぜこの世に生まれてきたのか、ということは、人生の目標と違う。出世や、起業して儲ける、いい大学に入ることは、現実的な目標と目的である。しかし、この世に生まれて来た理由とは、ゴーギャンの言う「我々はどこから来て、どこに行こうとしているのか?」ということである。失業しても、恋人がいなくても、どんな人でもこの世に生まれた役割があるはずである。今の不幸を嘆くのではなく、この世での自分の役割とは何なのかを問い続けること。それが人生を切り抜ける力の源となり、幸福感につながっていく。

「善いこと」を毎日習慣として行うこと

ユダヤ教は、理念理想をどう実現するかの具体論を戒律として持つ宗教である。その一例がMitzvot（ミツボ）というものだ。ミツボとは、身寄りのない老人の世話をするとか、病人を看病するとか、ホームレスの人に小銭を渡すとか食事を提供するとか、色々の善行

を実行することである。ミツボを行うことが、自分がこの世に生まれてきた目的の日常的具体化であり、毎日一歩でも近づけ、とユダヤ教では説く。もちろん、最大の善行は、トーラー（モーゼ五書＝ヘブライ聖書）の勉強であることは言うまでもない。

喋るよりも聞く

幸福感は「喋る」よりも「聞く」ことによってもたらされる。ユダヤはシェマの宗教である。シェマとは「聞け」ということ。ユダヤ教では人間に耳が二つあるのに口が一つしかないのは、よく聞くことが幸せをもたらすことだと言われているのである。

人の話をよく聞くことは、①その人の存在を認めること　②その人に心を開いていること　③その人を尊重すること、につながる。人の話を聞かないことは、①その人の存在を無視すること　②その人に心を閉ざしていること　③その人を軽視していることになる。傍らにいて自分に話しかける人間を大切に迎えるのか、それとも後者のように冷遇するのか、どちらが自分にとって幸福感をもたらすかはあきらかだ。

ユダヤ人の友人でパリで猛烈に働いている男がいた。彼はパリでも有名な富豪であったが、結局妻に離婚された。その友人は私に言った。「彼女には、欲しいというものは宝石からバッグまでどんな高価なものでも買ってやった。地中海を旅するクルーズ・ボートも買ってやった。旅行に行きたいと言えば、いつもファーストクラスに乗せてやった。何一つ不自由はさせていない。なぜなのか?」と。私は敢えてコメントは控えたが、彼は、妻に物やお金は与えたが、心を開いて妻の話を聞いてあげることをしなかった。だから妻は彼と一緒にいて幸福感を持てなかったのである。

話を聞いてくれれば幸福な思いに満たされる。ならば傍らにいる人に幸福感を与えようではないか。そうすれば自分も幸福感(人を幸せにしたという幸福感)を持てる。

魂をあらゆる騒音から遮断する一日を持つこと

ユダヤでは、強制的に週一回、家族との時間、それも何物にも邪魔されない時間を持つことを戒律としている。その時は、電話も、テレビも、仕事もだめとされている。携帯、eメール、ファクシミリ、電話、コピー、スキャン、グーグル、パワーポイント、プリンター、と我々はテクノロジーに振り回される日常を送っている。私の若い頃はデスク上には電話以外何もなかったが、今よりも充実感があった。すべてのテンポがゆったりとしていたからだ。

我々は携帯とeメールに支配されている日常から、少なくとも週に一日は解放され、「つれ合い」(つれ合いがいなければ犬や猫、ペットがいなければ〝神〟)と、ゆったりと語り合う時間が必要だ。幸福感とは、息と同じで「吸って」「吐いて」の両方がないと流れないのである。息をする時に「吸う」だけをやれと言われたら死んでしまう。どこかでゆっくり「吐く」必要がある。息を吐く、これをユダヤ教ではLiberate yourselfと言う。自分自身をあらゆる締め付けからLiberate（解放）してやれということだ。そうすれば、「吸って」「吐いて」が調和し、それが幸福感につながると教えている。

不運が襲って来ても、絶対にあきらめずにバトルし続けること

どんな人間でも一生の間に不幸や不運に見舞われることが絶対にある。交通事故に遭うかもしれない、目の病気で失明するかもしれない、滑ってころんで下半身不随になるかもしれない。そんな時に、どう幸福感につなげていくか？

ユダヤでは「Transform suffering」と教える。ある夜、天使に襲われ朝まで格闘したという不運を味わったヤコブの話は、不運にどう立ち向かうかのユダヤ人の基本書になっている。ヤコブは襲われても絶対にあきらめずに戦った。Sufferingは受難、苦難、不運、不幸、Transformは作り変えるという意味である。苦難の犠牲者になることを絶対に拒否し、希望の灯りをともせる何か他のものに作り変えるまで戦い続ける、というのがユダヤ人の五〇〇〇年の苦難の歴史から生み出されたウィズダムである。

ユダヤ人の受難は枚挙に暇《いとま》がない。ホロコーストで六〇〇万人が殺された、古《いにしえ》にはバビロニア帝国に民族ごと拉致された、ローマ軍に完全に神殿を破壊された、ギリシャ軍からはユダヤ教の儀式や祈りを禁止された、十字軍からは虐殺された、中世ではゲットーといううじめじめした狭い地区に閉じ込められた、農業も工業も禁止された。しかし、ユダヤ人はこれほどの苦難をTransformして幸福を見出せるものを創り出してきた。

モーゼの偉大な言葉に「ウバハルタ バ・ハイム」というものがある。「生き抜くのだ。この生をこの命を」という魂の叫びである。ユダヤの乾杯の言葉は「レ・ハイム」という。ハイムとは「この命、この人生、この生、今生きているこの時」という意味だ。

日本人に、今、この時を力強く生き抜いて欲しいという思いから、本書では、つい日本人への見方が厳しくなってしまう部分も多々あった。しかし、私のメッセージは唯一つである。

日本人の皆よ、苦難の犠牲者（Victim）になってはならない。Transformしていこうではないか。受け止める、乗り越える。耐えることではなく、それを別の光の見えるものに作り変えるまで、不幸と戦い組み伏して行くのである。

二〇一二年　三月　スウェーデンの自宅にて

石角完爾

著者略歴
石角完爾
いしずみ・かんじ
1947年京都府生まれ。京都大学在学中に国家公務員上級試験、司法試験に合格。同大学を主席で卒業後、通商産業省(現・経済産業省)を経て弁護士に。ハーバード大学ロースクール修士号取得、ペンシルバニア大学ロースクール証券法修士課程修了。1978年ハーバード大学法学校博士課程合格。ニューヨーク、ウォールストリートの法律事務所シャーマン・アンド・スターリングを経て、現在、東京の千代田国際経営法律事務所所長、代表弁護士。ベルリンのレイドン・イシズミ法律事務所代表。国際弁護士としてアメリカ、ヨーロッパを中心にM&Aのサポートなどで数多くの実績がある。2007年、難関の試験を経てユダヤ教に改宗し、ユダヤ人となる。米国認定教育コンサルタント。スウェーデン在住。著書に、『ファイナル・クラッシュ』(朝日新聞出版)、『日本国債 暴落のシナリオ』(共著、中経出版)、『改訂版アメリカのスーパーエリート教育』(ジャパンタイムズ)、『お金とユダヤ人』(ソフトバンククリエイティブ)、『日本人の知らないユダヤ人』(小学館)など多数。

ユダヤ教オフィシャルブログ www.kanjiishizumi.com
教育コンサルタントのウェブサイト www.olive-education.com
著者エージェント:アップルシード・エージェンシー http://www.appleseed.co.jp

ユダヤ人の成功哲学「タルムード」金言集

2012年4月25日 第1刷発行
2025年9月6日 第14刷発行

著者
石角完爾

発行者
樋口尚也

発行所
株式会社 集英社
〒101-8050 東京都千代田区一ツ橋2-5-10
電話 編集部03-3230-6068 販売部03-3230-6393(書店専用) 読者係03-3230-6080

印刷所
共同印刷株式会社

製本所
株式会社ブックアート

ブックデザイン
鈴木成一デザイン室

 ISBN978-4-08-786011-5 C0039